GALERIE
VERLAG
FISCHERHUDE

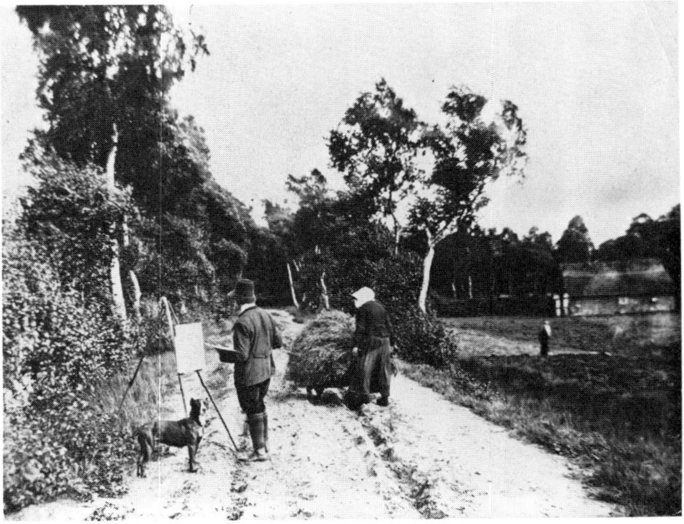

Worpsweder Szene um 1900 – Maler mit seiner Staffelei vor der Natur und eine Bäuerin mit ihrer Heukarre am Weg ins Moor.

Karl Veit Riedel

WORPSWEDE

IN FOTOS UND DOKUMENTEN

Worpsweder Taschenbücher
Titelbild: Fritz Overbeck,
Malerin vor der Staffelei, 1905/06
Kunsthalle Bremen

In der Bredenau 1 A
2802 Fischerhude
Lay-Out: Karl-Veit Riedel/H.-G. Pawelcik
Redaktion: H.-G. Pawelcik
Satz: Foto-Satz, Bremen
Litographie: Gerd Rieke, Achim
Druck: Zertani, Bremen
ISBN 3-88 132 232-9

EINFÜHRUNG

Worpswede ist heute einer der bekanntesten Künstlerorte. Als vor gut hundert Jahren die ersten Maler in das abgelegene Dorf kamen, kannte niemand außerhalb der näheren Umgebung auch nur den Namen Worpswede. Seither hat es in allen Phasen einer raschen und oft aufregenden Entwicklung der Kunst von sich reden gemacht, und nicht nur in der bildenden Kunst, sondern auch im Kunsthandwerk und in der Literatur. Das war so vor der Jahrhundertwende, als sich die Künstler auf eine neue Weise der Natur und den heimischen Motiven zuwandten und zunächst damit Anstoß erregten, und das war so, als nach der Jahrhundertwende und in den 20er Jahren neue Impulse, vor allem des Expressionismus, zu erregten Auseinandersetzungen führten. Nach dem Zweiten Weltkrieg, als das geistige und künstlerische Leben sich wieder regte, als man neu beginnen und nachholen wollte, stand Worpswede wieder am Anfang, und seither spielt es im vielfältigen Wandel der Richtungen immer noch eine Rolle.

Dazwischen gab es manche Veränderungen. Mit dem Beginn des Jahrhunderts setzte der Fremdenverkehr ein. Zweimal waren nach Weltkriegen bittere Notzeiten durchzustehen, und in den letzten Jahrzehnten des Friedens und Wohlstands erwuchsen dem Ort Gefahren durch den Plan, das Teufelsmoor zum Zielgebiet für Bombenabwürfe zu machen, durch Pläne zur touristischen Vermarktung und durch mögliche Schäden für Natur und Umwelt. Worpswede hat seinen Namen bewahrt, und trotz des Wandels in bewegten Zeiten läßt es noch immer etwas vom geistigen Charakter spüren.

Worpswede hatte für das, was es wurde und ist, überhaupt für Kunst und Kultur, nicht die mindesten Voraussetzungen. Es lag als armer Ort in einer von der Schöp-

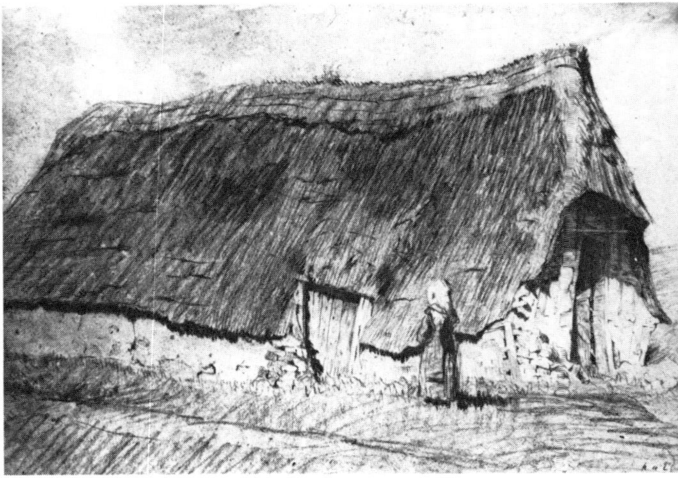

Hans am Ende: Moorkate, um 1900.

fung benachteiligten, geradezu gestraften Gegend. Ursprünglich gab es hier nur das Teufelsmoor und als einzige Besonderheit der öden Landschaft eine Sanddüne, den Weyerberg, den die Sage auch mit dem Teufel verband. Wenn die drei Flüsse, die Wümme, die Wörpe und die Hamme, bei hohem Stand nicht über die Lesum in die Weser abfließen konnten, stand das Land monatelang unter Wasser und war von der Außenwelt abgeschnitten, und wenn im Winter das überschwemmte Gebiet überfror, konnte man bis Bremen Schlittschuh laufen. Das war noch so, als man das Moor längst kultiviert hatte.

Worpswede entstand durch Moorkolonisation, jene verzweifelte, nach dem 30jährigen Krieg einsetzende Anstrengung, für eine wachsende Bevölkerung Lebensraum zu schaffen. Seine Existenz dankt es dem Königlich Hannoverschen Moorkommissar Jürgen Christian Findorff (1720-1792), der es auch durch die nach seinen

Plänen 1757-59 erbaute Zionskirche zum zentralen Ort der Mooransiedlungen machte. In Worpswede wurde ihm ein Denkmal gesetzt. Die Kolonisation begann mit einem Entwässerungsnetz. Die Kanäle und Gräben trockneten das Moor aus, das dann als Torf abgegraben werden konnte, und sie bildeten zugleich die Schifffahrtswege, auf denen der als Brennstoff begehrte Torf in die Städte, zumal die große Freie Hansestadt Bremen, transportiert werden konnte. Obwohl die Kolonisation systematisch geplant und mit zunehmender Energie betrieben wurde und der Torfverkauf den Moorkolonisten schneller als anderen Kolonisten eine Einnahme verschaffte, blieb die Armut, und blieben die ärmlichen und ungesunden Lebensbedingungen.

Worpswede wäre trotz der Nähe zur blühenden Hansestadt Bremen in Sichtweite von drei Wegstunden ein unbekanntes Moordorf unter vielen anderen geblieben, wenn sich nicht Künstler eingefunden hätten. Künstler, die ihrem Wesen nach gegen Überkommenes aufbegehren, durch ungewöhnliche Sinnenreize angeregt sind und anregen und die Gefahren der Zeit vorausspüren, haben oft abgelegene Orte entdeckt und berühmt gemacht. Nach Worpswede kamen die ersten wie durch Zufall im Jahre 1884, obwohl das Teufelsmoor schon zwanzig Jahre zuvor für die Kunst entdeckt war, nicht von einem Künstler, sondern von dem durch die ganze Welt gereisten und als Reiseschriftsteller hochgeschätzten Johann Georg Kohl (1808 – 1878), der 1858 in seine Vaterstadt Bremen zurückkehrte und dort später Stadtbibliothekar wurde. Er schilderte 1864 in seinen „Nordwestdeutschen Skizzen“ die bedrückenden Lebensverhältnisse der Kolonisten am Teufelsmoor, fuhr dann aber fort: „Ich begreife nicht, daß unsere Maler das Leben und Treiben an solchen merkwürdigen Hochmoorhäfen und Torffabrikstätten, die sich überall an den zerfressenen Rändern unserer Hochmoore darbieten, noch

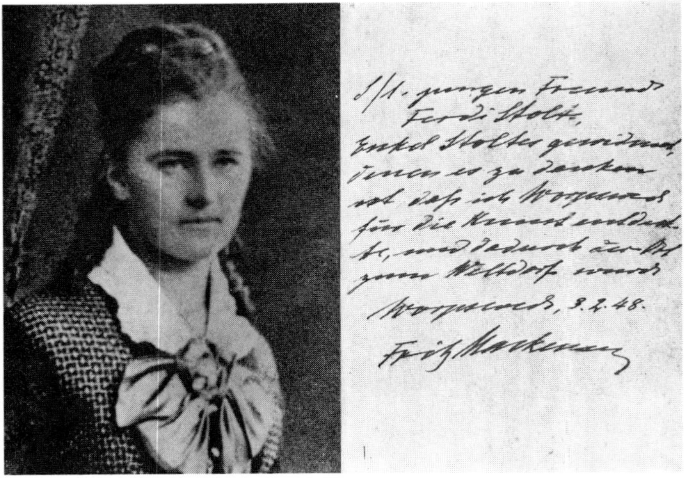

Mimi Stolte, Tochter des Worpsweder Kaufmanns und Ortsvorstehers, die Fritz Mackensen 1884 nach Worpswede brachte. Foto um 1885 mit einer Widmung Mackensens von 1948 an die Enkel Stoltes mit Dank für die über 50 Jahre zurückliegende gastliche Aufnahme.

so wenig zum Gegenstand von Studien gemacht haben (Die Bairischen ‚Moose' bei München sind von den malerischen Poeten weit besser ausgebeutet worden). Und doch würden sie dort nicht nur höchst eigentümliche Bilder gewinnen, sondern Szenen darstellen können, die tausend und tausend mal in unserem nordwestlichen Deutschland vorkommen, den Bewohnern des Inneren derselben schon geläufig sind und daher eine vaterländische Bedeutung besitzen. Viel Farbenpracht würde bei diesen Bildern freilich nicht entwickelt werden können. Denn Wege und Stege, Land und Wasser, die ‚Huttens' (= Torfhütten) und ihre torfbewußten Bewohner, alles ist mit der einen dunklen Tintenfarbe des Moors überzogen."

Im Grunde hatte er damit das Programm der Worpswe-
Malerei entworfen.

Die Anfänge 1884-1902

Es war viel Zufall und viel Persönliches im Spiel, daß Künstler nach Worpswede kamen, schließlich blieben und es zum Künstlerort werden ließen. Der eigentliche Entdecker war Fritz Mackensen (1866-1953). Als Sohn eines Bäckers in Greene bei Kreiensen geboren und nach dem frühen Tod des Vaters unter beengten Verhältnissen in Holzminden aufgewachsen, konnte er dank seiner hervorragenden Begabung an der Düsseldorfer Akademie studieren, freilich nur, weil ihm zugleich auch Stipendium und Freitisch gewährt wurden. Bereits im ersten Studienjahr lernte er Emilie (Mimi) Stolte kennen, die Tochter des Worpsweder Kaufmanns und Ortsvorstehers, die bei ihrer Düsseldorfer Tante ein Hauswirtschaftsjahr verbrachte. Sie schilderte ihm ihre Heimat und regte ihn an, seine Ferien im Herbst 1884 in Worpswede zu verleben. Zunächst war diese Einladung nicht mehr als eine günstige Feriengelegenheit für ihn, doch schon am Ankunftstag, dem 13. September 1884, überkam ihn Begeisterung für das Land und seine Bewohner und wenig später schrieb er freudig an seine Mutter „. . . hier male ich mein erstes Bild". Es ist das Bild „Moorkanal mit Brückchen" 1884. 1885, 1886 und 1887 war er dann wieder in Worpswede und versuchte, seinen Studienfreund Otto Modersohn (1865-1943), den es in einem künstlerischen Zwiespalt gerade zur unmittelbaren Naturbegegnung drängte, für Worpswede zu gewinnen.

Genau von da an ist die Entdeckung Worpswedes nicht mehr Zufall, sondern fest eingebettet in die allgemeine Entwicklung. „Natur" war das Zauberwort und das Ziel, das die abendländische Kunst durchzog und von vielen anderen Künstlern auch an anderen Orten gesucht wurde. Mackensen offenbarte sie sich in der ganz

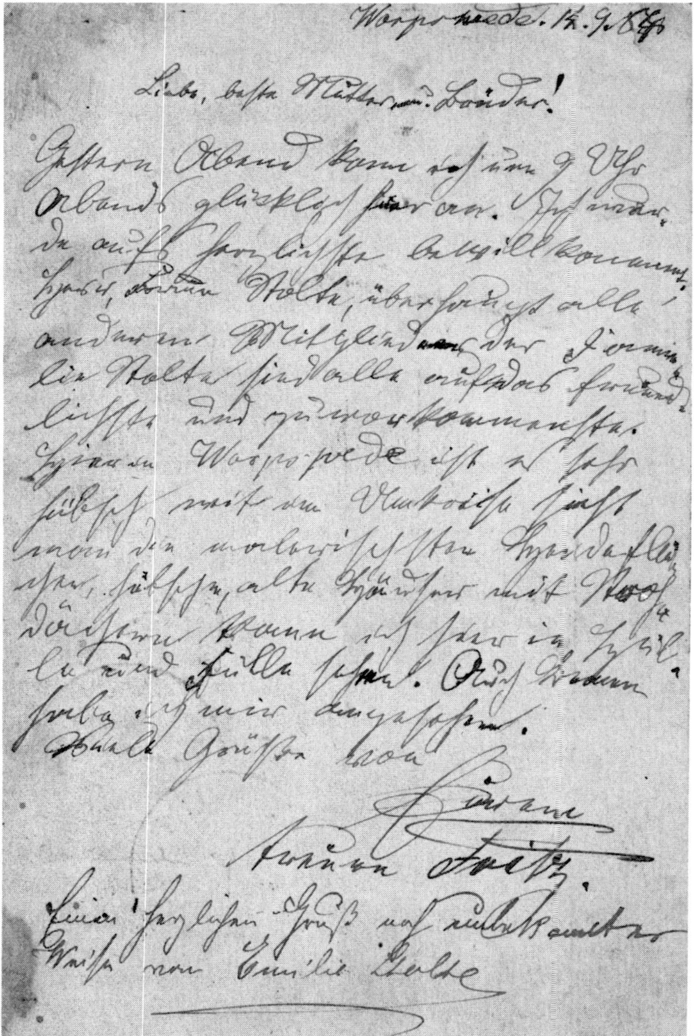

Erste Postkarte Fritz Mackensens aus Worpswede an seine Mutter vom 14. 9. 1884.

kulturfernen Gegend am Teufelsmoor. Die herben Landschaftsformen, die schweren Stimmungen und die wechselnden Farbreize zogen an und paarten sich mit dem künstlerischen Naturprogramm von Dürer, das zum festen Ideal geworden war. Daß die Worpsweder Landschaft weithin keineswegs unberührte Natur, sondern Kolonistenwerk war, wurde übersehen, und gerade Mackensen empfand hier Natur und Mensch als Einheit. Zum Zauberwort und zur Verpflichtung wurde in gleicher Weise der Begriff „Heimat". Seit dem letzten Drittel des 18. Jahrhunderts wurde von den Künstlern das Schöne und Urtümliche nach der Hinwendung zu den Ländern des klassischen Altertums auch im eigenen Land, in den Alpen, am Rhein, in den Mittelgebirgen und schließlich auch in den nördlichen Küstenregionen und Tiefebenen entdeckt. Die heimische Landschaft gewann Anziehungskraft, die eigene Geschichte Interesse und die eigene Kultur Wert und Ehre, und durch die napoleonische Herrschaft und die Befreiungskriege wuchs das deutsche Nationalbewußtsein und erhielt auch politische Dimensionen.
Das Bekenntnis zur Natur und zur eigenen Umwelt erhielt schließlich noch eine neue Bedeutung, als man die Veränderungen und Verluste zu bemerken begann, die sich mit der Verstädterung, der Technisierung, Mechanisierung und Industriealisierung und dem Wandel auf dem Lande einstellten. Zur gleichen Zeit, als Fritz Makkensen nach Worpswede kam und andere Künstler dorthin nachzog, formierte sich die Heimatbewegung, begannen die Bemühungen, das vom Verlust Bedrohte zu erhalten und zu pflegen: die Landschaft, die Hausform, die Tracht und das Brauchtum; auch die Bemühungen um die schwindende niederdeutsche Sprache gehören dazu. Künstlerischen Niederschlag fand das in Moor- und Heidebildern und in Bildern des Volkslebens mit Themen aus dem Jahres- und Lebenslauf (Feldarbeit,

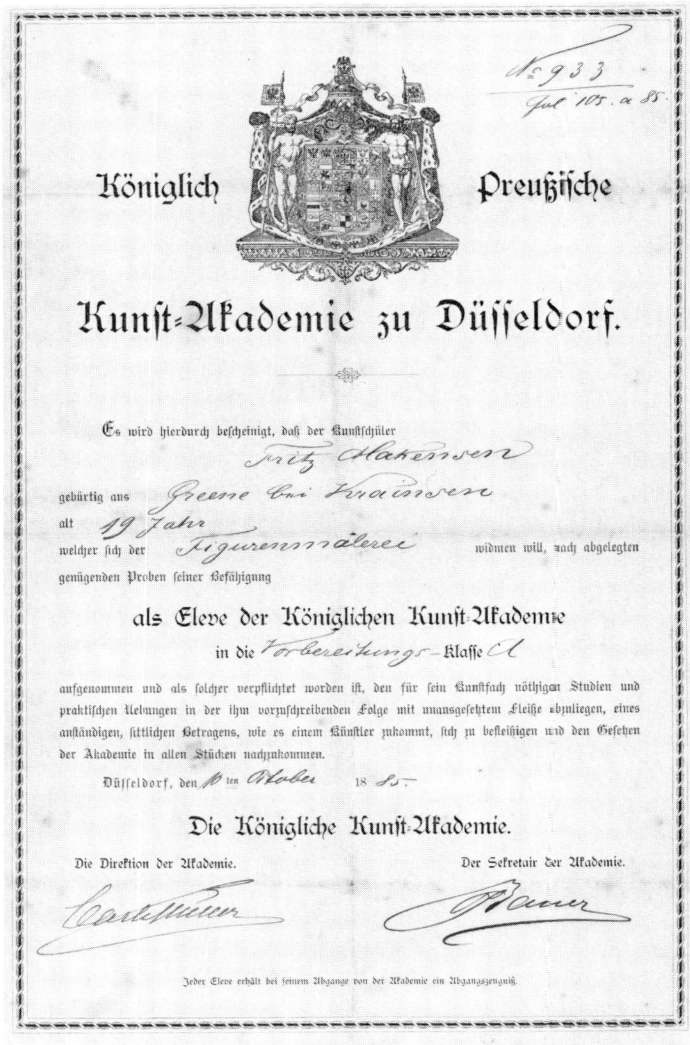

Königlich Preußische

Kunst-Akademie zu Düsseldorf.

Es wird hierdurch bescheinigt, daß der Kunstschüler

Fritz Mackensen

gebürtig aus Greene bei Kreiensen

alt 19 Jahr

welcher sich der Figurenmalerei widmen will, nach abgelegten genügenden Proben seiner Befähigung

als Eleve der Königlichen Kunst-Akademie

in die Vorbereitungs-Klasse A

aufgenommen und als solcher verpflichtet worden ist, den für sein Kunstfach nöthigen Studien und praktischen Uebungen in der ihm vorzuschreibenden Folge mit unausgesetztem Fleiße obzuliegen, eines anständigen, sittlichen Betragens, wie es einem Künstler zukommt, sich zu befleißigen und den Gesetzen der Akademie in allen Stücken nachzukommen.

Düsseldorf, den 10ten October 1885.

Die Königliche Kunst-Akademie.

Die Direktion der Akademie. Der Sekretair der Akademie.

Jeder Eleve erhält bei seinem Abgange von der Akademie ein Abgangszeugniß.

Zwischenzeugnis der Düsseldorfer Akademie für Fritz Mackensen mit einer sehr anerkennenden Beurteilung seiner Leistungen.

Spinnen, Feierabend, Kirchgang, Hochzeit, Tod, Begräbnis).
Die Hinwendung zur Natur, zur Heimat und zum Bodenständigen führte im Verbund zur Ausbildung eines mit religiösen Werten versehenen Ideals und eines künstlerischen Auftrags. Fritz Mackensen fand, indem für ihn Natur und Nation, Geist und Seele, Kunst und Heimatliebe eine Einheit bildeten, das Ziel seines Künstlerdaseins und damit seinen Platz im Leben. Unter den gleichen Voraussetzungen entstanden aus dem Hang zum einfachen Leben, zum Ländlichen und zum Heimatlichen, aus dem Bedürfnis nach Stadt- und Zivilisationsflucht bürgerliche Landsitze und eben Künstlerkolonien in zurückgebliebenen Gebieten. Die jungen Künstler drängte es, der reglementierten, traditionsengen Schulsituation der Akademien zu entfliehen und, nicht gegängelt, vor der Wirklichkeit in der freien Natur zu schaffen, und zwar in künstlerischer Werkgemeinschaft mit Gleichgesinnten.
Für Mackensen, der in Worpswede fast schon eine neue Heimat gefunden hatte, war gerade diese werkfreundschaftliche Gemeinsamkeit ein besonderes Bedürfnis. Im Spätsommer 1889 war er mit Otto Modersohn, seinem Düsseldorfer Studienfreund, und Hans am Ende (1864-1918), seinem Kameraden vom in Ingolstadt abgeleisteten Wehrdienst, gemeinsam in Worpswede, und inzwischen bestand auch schon eine enge Verbindung zu Carl Vinnen (1863-1922), dem Düsseldorfer Studienkollegen, der den Sommer auf seinem Familiengut im nahen Osterndorf bei Bremerhaven verbrachte. Ende August kam es nach intensivem gemeinsamem Arbeiten in der Landschaft durch Otto Modersohns Vorschlag – „fort mit den Akademien, die Natur ist unsere Lehrerin“ – zur Verlängerung des Aufenthaltes in den Herbst und schließlich in den Winter. Dieser Winter in völliger Abgeschiedenheit von der Welt, geborgen auf dem Hof

der Witwe Behrens, erfüllt von Arbeit und freundschaftlichem geistigem, künstlerischem und literarischem Austausch, ließ den Entschluß reifen, für immer in Worpswede zu bleiben.
Künstler hatten nach Worpswede gefunden, und Worpswede hatte in ihnen seine Künstler gefunden. Sie waren und wurden Freunde, und einer zog den anderen nach, und bald bildeten sie eine Gruppe. Ihr Führer war Mackensen. In seinen Bildern verschmolz er das Menschendasein, das sein eigentliches Thema war, zu einer Einheit mit der Natur der von koloristischen Reizen erfüllten Moorlandschaften und verwirklichte so, vor allem in den Bildern aus dem Volksleben, sein malerisches Programm. Die Anregung zu seinem 1886-95 unter kaum vorstellbaren Schwierigkeiten gemalten großen Bild „Gottesdienst im Moor", das ihm allgemeine Anerkennung eintrug, empfing er bereits 1884 bei einer Missionsandacht in Schlußdorf. Zahlreiche Bilder, „Alte Wollspinnerin", „An der Feuerstelle", „Holzschuhmacher", „Torfkähne", folgten wie das herausragende, gleichsam zum Symbol der frühen Worpsweder Malerei gewordene Bild einer in der Arbeitspause auf einem Torfkarren stillenden Bäuerin, das als „Madonna im Moor" oder „Worpsweder Madonna" in die Kunstgeschichte eingegangen ist. Spontanes Erleben, realistisches Erfassen und Idealisierung elementaren Daseins sind in diesem Bild mit den ikonographischen Normen streng akademischer Malweise verbunden.
Mehr noch auf die Natur an sich bezogen war der zweite Worpsweder, Otto Modersohn, der lebenslange leidenschaftliche Schüler der Natur, der Lyriker und Kolorist, der ebenso von Böcklin wie von den Malern in Barbizon beeindruckt war und noch in späten Jahren außergewöhnliche Naturerscheinungen dankbar und tief erlebte. Ausschließlich Landschafter strenger Formerfahrung war Hans am Ende. Nicht zufällig war er es, der

die Worpsweder Künstler zu den grafischen Techniken führte, die durch großformatige Blätter als Wandschmuck ebenso wie Kleinformate (Postkarten und Illustrationen) zur Verbreitung der künstlerischen Ideen aus Worpswede und zur Bekanntheit des Ortes beitrugen.
Als vierter kam 1892 der Bremer Fritz Overbeck (1869-1909) und fand hier die Motive für seine eigenwilligen, großzügigen und kontraststarken Landschaften, deren schwerer Grundcharakter sich als Versuch erklärt, Natur an sich in ihrer Umheimlichkeit sichtbar und nachempfindbar zu machen. Durch Mackensen und Modersohn trat dann noch Carl Vinnen zu den Worpswedern. Im Kern konservativ, gestaltete er in souveräner Malweise die charakteristischen Formen von Heide und Moor, Strom und Meer.
Als sechster stieß Heinrich Vogeler (1872-1942) zu den Malern, die als „Ur-Worpsweder" anzusprechen sind. Während seines 1890 begonnenen Düsseldorfer Kunststudiums, aus dem er immer wieder ausbrach, wurde der Sohn eines Bremer Kaufmanns auf Worpswede aufmerksam. 1894 kam er nach Worpswede und erblickte hier den Lebensraum, seine Vielseitigkeit und seine Ideen zur Vereinigung von Kunst und Leben zu verwirklichen. Er wurde zu einem Sonderfall der Worpsweder, ja der europäischen Kunstentwicklung, und zwar durch integrale Zusammenführung von Kunst und Kunsthandwerk, Kulturtradition und Naturerlebnis, Geschichte und Gegenwart, elitärer Pracht und Alltagskultur, historischem Glanz und neuem Aufbruch. In Formen des Jugendstils, der sonst in Worpswede wenig heimisch wurde, realisierte er seine Vorstellungen, hinter denen ein ganzes, auch soziale Gedanken einbeziehendes Programm stand.
So unterschiedlich im einzelnen ihre biographischen und künstlerischen Ansätze waren, die „Ur-Worpswe-

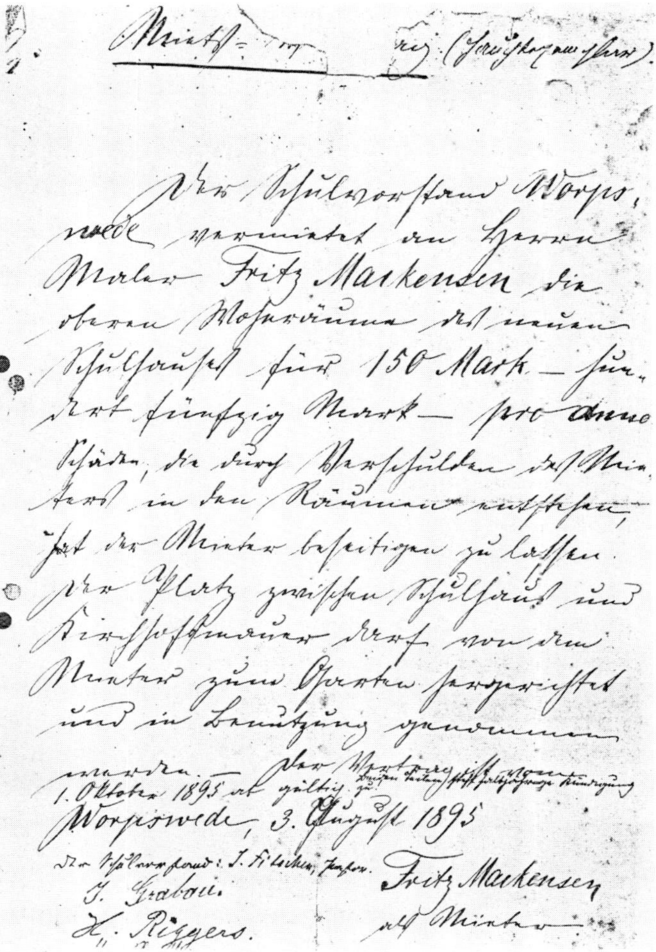

Mieths-Vertrag (Schulhaus)

Der Schulvorstand Worpswede vermietet an Herrn Maler Fritz Mackensen die oberen Wohnräume des neuen Schulhauses für 150 Mark – hundert fünfzig Mark – pro anno. Schäden, die durch Verschulden des Mieters in den Räumen entstehen, hat der Mieter beseitigen zu lassen. Der Platz zwischen Schulhaus und Kirchhofsmauer darf von dem Mieter zum Garten hergerichtet und in Benutzung genommen werden. Der Vertrag ist vom 1. Oktober 1895 ab gültig.

Worpswede, 3. August 1895

Der Schulvorstand: J. Fitschen, Pastor.
J. Grabau.
H. Riggers.

Fritz Mackensen
als Mieter

Mietvertrag von Fritz Mackensen für sein erstes Atelier im Worpswe-der Schulhaus vom 3. 8. 1895.

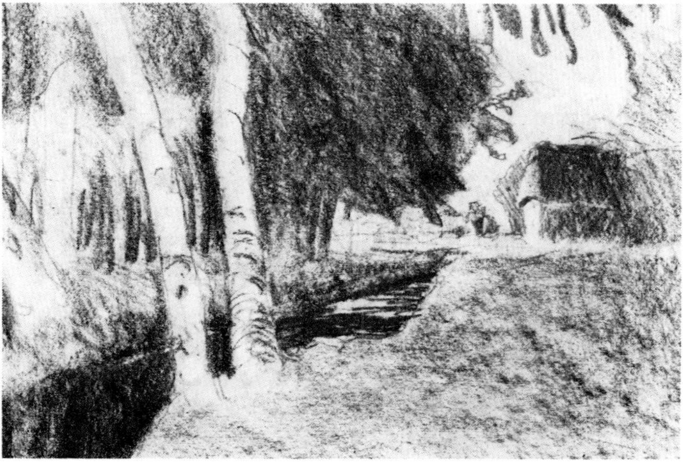

Fritz Overbeck: Zeichnung, um 1895.

der" bildeten bald eine Einheit und prägten in Zusammenarbeit ihre Gemeinsamkeiten und Eigenarten aus. Beispielhaft dafür, daß sie schon von Anfang an kontroverser Eigenentwicklung zuneigten, ist ihr Verhältnis zu Hermann Allmers (1821-1902), der damals ein unangefochtenes Ansehen als Dichter, Vermittler klassischen Kulturerbes und heimatlicher Kultur genoß. Schon 1889 besuchten sie ihn in seinem Marschenheim in Rechtenfleth, und 1894 stattete er ihnen einen spektakulären Gegenbesuch ab, der in nahezu überschwenglich heiterer und freundschaftlicher Atmosphäre verlief. Allerdings bestand von Anfang an auch ein Gegensatz zu Allmers. War dessen Sympathie für die Künstler im Moor eingebettet in sein universales Verständnis von Kunst, Kultur und Heimat, so nahmen die Worpsweder Anstoß an den Gemälden im großen Wohnraum seines Rechtenflether Marschenheims. Diese waren in den 70er Jahren von Arthur Fitger (1840-1909) ausgeführt, und der von Allmers geförderte „Makart des Nordens", der als Maler, Literat

Ein ganz kleines Geschichtchen.

Die Worpsweder Künstler waren in großer Aufregung „Hermann Allmers will uns besuchen!“ Wie viele, viele Jahre ist das nun schon her ... Nach langen Debatten wurde beschlossen, den großen Mann folgendermaßen zu empfangen: Die Malersleute sollten sich in Felle hüllen, Schwerter und Äxte zur Hand nehmen und alte Friesen sein. Und ein Lastwagen sollte ausgerüstet werden, gezogen von Kühen mit goldenen Hörnern und Hufen. Und zwei schöne Jungfräulein, Martha Schröder, die später Martha Vogeler hieß, und Martha Welzel sollten dem Gast, wenn er da angefahren käme, ein Trinkhorn reichen und das Gedicht, für das Hans am Ende verantwortlich war, aufsagen:

„Sei mir gegrüßt, auf dieses Hauses Schwelle
Du edler Sproß, aus friesischem Geschlecht!
Zum Willkomm biet' ich dir die frische Quelle
Nach altem Friesenbrauch und Friesenrecht.
Tritt ein, durch diese gastlich hohe Pforte,
Nimm hier den kühlen Trunk!
Ihn hat geweiht
Dem größten Friesenmann die schönste Friesenmaid.“

So sollte es sein. Alles fieberte. Aber dann kam der Erwartete mit einem Male garnicht. Die Mädchen legten ihre Festgewänder wieder ab und die Maler ihre Felle. Und die Kühe zogen mit goldenen Hufen und goldenen Hörnern wie heilige Märchentiere ledig über die Weidewiesen.

Indessen als die Zeit erfüllet war, fand Allmers doch noch nach Worpswede. Unsere Bilder beweisen's ja.

Späterer Bericht über den zunächst verunglückten und dann im September 1894 spektakulär erfolgten Besuch von Hermann Allmers in Worpswede.

und Kunstschriftsteller, als Exponent des akademischen Historismus, die damalige nordwestdeutsche Kunstszene beherrschte, war ein erbitterter Gegner des Neuen, das aus dem Lande, speziell aus Worpswede hervortrat, und die von seinem neun Jahre jüngeren Bruder geleitete Weser-Zeitung feindete die Worpsweder Kunst erbittert an.

Zum historischen Prüfstein wurde vor diesem Hintergrund 1895 die erste größere Ausstellung der Worpsweder in Bremen. Die Legende will, daß sie nur schockierte und von der auf Fitgers Kunst fixierten öffentlichen Meinung als „Lachkabinett“ verspottet wurde. Neuerlich hat sich jedoch ergeben, daß die Worpsweder keinesfalls als ganz Unbekannte und Unbeliebte in Bremen debütierten. Richtig hat die Legende jedoch bewahrt, daß die Bremer Ausstellung indirekt zum Durchbruch führte. Der damals in Bremen weilende Präsident der Münchner Sezession, Eugen Stieler, lud die Maler zur Ausstellung in den Münchner Glaspalast ein und diese Ausstellung wurde im gleichen Jahr zu einem beispiellosen Erfolg, nicht zuletzt weil in München durch die Ausstellung der schottischen Maler aus Glasgow fünf Jahre zuvor der Boden für eine stimmungsschwere Landschaftsmalerei vorbereitet war.

Die sechs Worpsweder waren mit einem Mal in aller Munde, erhielten Auszeichnungen, fanden Nacheiferer. 1897 gründeten sie die „Künstler-Vereinigung Worpswede“. Ihre von Hans am Ende geschriebene Satzung bestimmte engste Gemeinsamkeit und „volle Freiheit jedes Einzelnen für sich selbst“. Die Ausstellungserfolge begannen sich zu häufen: 1897 in Dresden und Hamburg, 1898 in Frankfurt a.M., Krefeld, Elberfeld, Stettin, und vor allem in Wien mit der Jubiläumsausstellung im Künstlerhaus. 1899 zog Karl Krummacher (1867-1955), wiederum ein Schüler der Düsseldorfer Akademie, nach Worpswede, als siebenter, eigentlich aber als

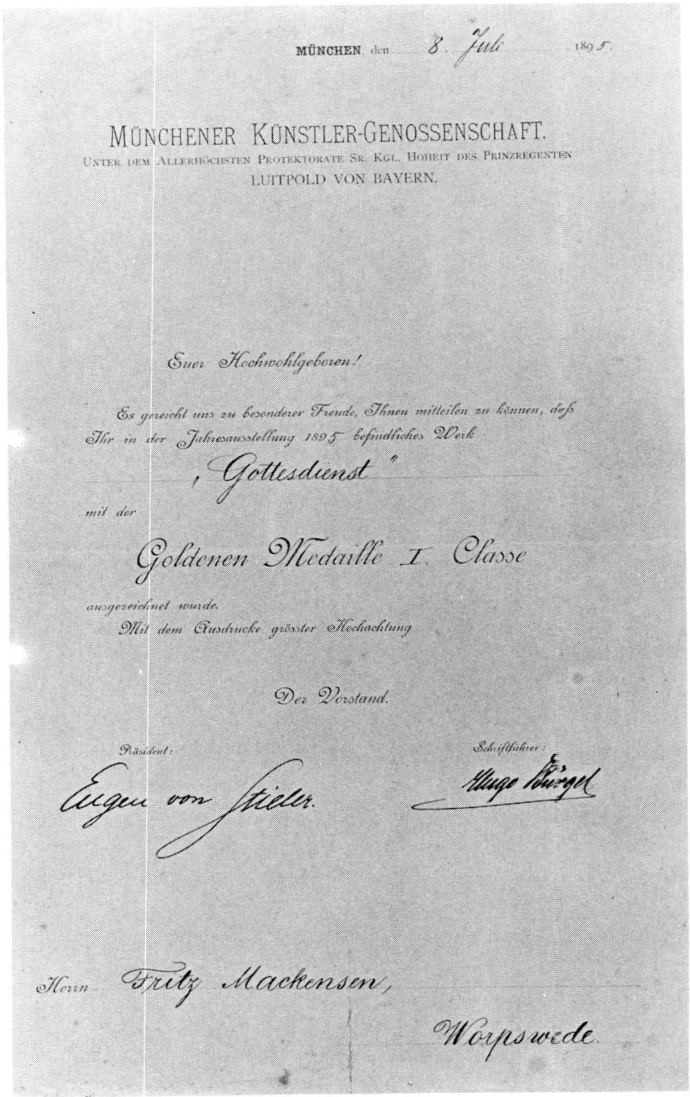

MÜNCHEN, den 8. Juli 1895.

MÜNCHENER KÜNSTLER-GENOSSENSCHAFT.
Unter dem Allerhöchsten Protektorate Sr. Kgl. Hoheit des Prinzregenten
LUITPOLD VON BAYERN.

Euer Hochwohlgeboren!

Es gereicht uns zu besonderer Freude, Ihnen mitteilen zu können, daß Ihr in der Jahresausstellung 1895 befindliches Werk

„Gottesdienst"

mit der

Goldenen Medaille I. Classe

ausgezeichnet wurde.

Mit dem Ausdrucke grösster Hochachtung

Der Vorstand.

Präsident: Eugen von Stieler.

Schriftführer: Hugo Bürgel

Herrn Fritz Mackensen,

Worpswede.

Goldene Medaille der Münchner Künstlergenossenschaft für Fritz Makkensen „Gottesdienst im Moor" (1886 – 1895) vom Oktober 1895.

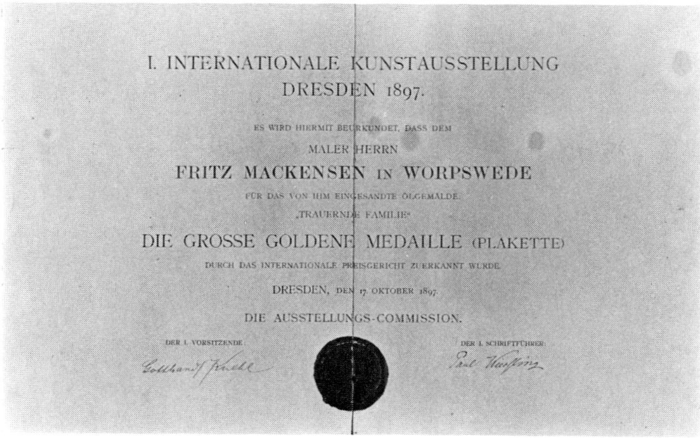

I. INTERNATIONALE KUNSTAUSSTELLUNG
DRESDEN 1897.

ES WIRD HIERMIT BEURKUNDET, DASS DEM
MALER HERRN
FRITZ MACKENSEN IN WORPSWEDE
FÜR DAS VON IHM EINGESANDTE ÖLGEMÄLDE
„TRAUERNDE FAMILIE"
DIE GROSSE GOLDENE MEDAILLE (PLAKETTE)
DURCH DAS INTERNATIONALE PREISGERICHT ZUERKANNT WURDE.

DRESDEN, DEN 17. OKTOBER 1897.
DIE AUSSTELLUNGS-COMMISSION.

DER I. VORSITZENDE: DER I. SCHRIFTFÜHRER:

Große goldene Medaille der Internationalen Kunstausstellung Dresden für Fritz Mackensen „Die trauernde Familie“ (1896) aus dem Jahr 1897.

erster einer zweiten Gruppe von Künstlern, die nicht mehr Entdecker waren, sondern Stimmung und Stil der ersten Phase vorgeprägt fanden und zum Teil schon als Manier weiterentwickelten.

Schon zuvor hatten sich vorübergehend Künstler in Worpswede aufgehalten, so der vor allem als Illustrator der Grimmschen Märchen bekannt gewordene Marburger Otto Ubbelohde (1867-1922). Er war 1889 zusammen mit Otto Heinrich Engel (1866-1944), dem Begründer der Künstlerkolonie Ekensund an der Flensburger Förde, in Worpswede und wieder 1894/95. Obwohl auch bei ihm die Flucht von der Akademie, erst Weimar, dann München, mitsprach, war der Hauptgrund seines Aufenthalts die Nähe zu seiner Kusine und Braut Johanna Unger in Bremen. Seine Aufenthalte blieben Intermezzo, zumal Spannungen zu den fest ansässigen Künstlern bestanden, die die Neuen aus „Bayern“ als Eindringlinge empfanden.

Nachhaltiger auf die Entwicklung am Ort wirkte, daß sich Schüler einfanden, vornehmlich junge Frauen, die, wie es damals für höhere Töchter üblich war, zwischen Schulabschluß und Verheiratung ihre musische Bildung abrundeten und damit den Künstlern eine willkommene Einnahme verschafften. 1898 wurden Emmy Meyer (1866-1940) und Sophie Wencke (1874-1963), die bald durch Bildpostkarten (ein damals junges für die Kunst wie für den Fremdenverkehr neue Perspektiven eröffnendes Medium) nachhaltig zur Verbreitung Worpsweder Motive in aller Welt beitrug, Schülerinnen von Otto Modersohn, im gleichen Jahr Clara Westhoff (1878-1954), Paula Becker (1876-1907) Schülerinnen von Fritz Mackensen, sowie Ottilie Reyländer (1882-1965). Sie war Mackensens jüngste und talentierteste Schülerin, wanderte jedoch schon 1910 nach Mexiko aus, weshalb man sich erst spät in Worpswede wieder ihrer ausdrucksstarken, unmittelbar auf den Menschen bezogenen Malerei entsann. Später, 1902, wurde Walter Bertelsmann (1877-1963) Schüler von Hans am Ende. Die Bremer Herkunft der meisten bestätigt, daß Worpswede zum Künstlervorort der Hansestadt geworden war. Zu einer herausragenden Gestalt für die Kunst Nordwestdeutschlands, ja ganz Deutschlands, wurde unter diesen Schülerinnen Paula Becker. Nachdem sie durch die Bremer Ausstellung von 1895 in den Bannkreis Worpswedes gezogen worden und 1897 erstmalig am Ort gewesen war, hatte sie den leidenschaftlichen Wunsch, hier ihre künstlerischen Neigungen auszubilden. Aufgrund ihrer familiären Situation als Tochter eines angesehenen, aber keineswegs sehr wohlhabenden Eisenbahningenieurs, kam für sie nur Fritz Mackensen als Lehrer in Frage; er war als Künstler der solideste und gesellschaftlich am besten Etablierte, freilich war er auch der Konservativste und wurde von ihr, weil er „in kleinen Verhältnissen" aufgewachsen war, und „das unsagbar Große" verloren hatte (Tagebuch, 24. Juli 1897) von Anfang an mit Vorbehalten beurteilt.

Worpswede

Fritz Mackensen. Otto Modersohn.
Fritz Overbeck. Hans am Ende.
Heinrich Vogeler
von

Rainer Maria Rilke

Mit 5 bunten Titelbildern, 13 Einschaltbildern in Tondruck und 156 Textabbildungen. 3. Auflage

Titelausschnitt von Rilkes „Worpswede"-Monografie, die 1903 erschien und 1905 sowie 1910 Neuauflagen erfuhr.

Um die Jahrhundertwende erlebte Worpswede seinen ersten glanzvollen Höhepunkt. Im Zentrum stand Heinrich Vogeler. Er hatte 1895 im Osten des Ortes, in Osterwede, eine am Hang gelegene ärmliche Kate erworben und sie Jahr um Jahr und Schritt für Schritt zu seinem „Barkenhoff" umgestaltet, einem Landsitz mit Atelierhaus daneben und Gästehaus unten an der Straße, der, ohne das altniedersächsische Bauernhaus zu verleugnen, einem in die Landschaft eingebetteten Märchenschloß glich. Zugleich hatte er sich die Stellung eines angesehenen Grafikers und Designers erworben. Sein Buchschmuck gewann den Rang eines Gütezeichens, sein Ex-libris für die preußische Kronprinzessin trug ihm 10 000 Goldmark ein. Er konnte eine lang gespannte Kutsche fahren und schließlich 1903-05 ganz nach eigenen Vorstellungen vom zeichnerischen Entwurf bis zur Bestimmung des Materials der Endausführung die Güldenkammer im Bremer Rathaus gestalten. Auf sei-

nen Reisen war er mit Literaten in Kontakt gekommen, mit Rainer Maria Rilke (1875-1926), der 1898 erstmals sein Gast war, mit Carl Hauptmann (1858-1921), der 1899 nach Worpswede kam, mit dem Bremer Dichter Rudolf Alexander Schröder (1878-1962) und mit dessen Vetter Alfred Walther Heymel (1878-1914), der 1899 den Insel-Verlag ins Leben rief, in dem die damals neueste Literatur in weithin verbreiteten Bänden mit Vogelers Buchschmuck veröffentlicht wurde.
Rilke war dann noch bis 1902 und wieder 1903 und 1905 und zuletzt 1910 in Worpswede, schrieb hier den zweiten Teil seines „Stundenbuches“ und als eilige Auftragsarbeit sein vielzitiertes Buch über Worpswede (1903), das den Namen, die Landschaft und die Künstler des Ortes in der gebildeten Welt bekannt machte, aber auch durch Inkompetenz in Kunstfragen und aktuelle Rücksichten einen schärferen Blick auf die Wirklichkeit früh verstellte. Carl Hauptmann, der stets im Schatten seines Bruders Gerhart Hauptmann (1862-1946) stand, verband in seinem Schlüsselroman „Einhart der Lächler“ (1907) Worpsweder Verhältnisse mit dem Schicksal des jungen, als Zigeuner-Müller in die Kunstgeschichte eingegangenen Otto Müller (1874-1930), der nie in Worpswede gewesen war.
Der kulturelle Reichtum, der sich um die Jahrhundertwende am Ort entfaltete, hatte nur noch wenig Verbindung zu dessen Entdeckern und Gründern. Vielmehr war es seit langem zwischen diesen zur Entfremdung und zur Lockerung der Beziehungen gekommen. Der Keim des Sichauseinanderlebens lag aufgrund ihrer ganz verschiedenen persönlichen Ansätze von Anfang an in ihnen selbst. Der erste, den schon 1892 und, nachdem er 1896 Fischerhude entdeckt und vermutet hatte, daß dies wohl der bessere, stillere und naturnähere Künstlerort als Worpswede sei, stärker 1897 Skrupel plagten, war Otto Modersohn, weil er sich am grund-

sätzlichsten nur auf die Natur als alleiniger Lehrmeisterin des Künstlers verpflichtet hatte. 1899, kaum zwei Jahre nach der Gründung, trat er aus der Vereinigung Worpsweder Künstler aus. Fritz Overbeck und Heinrich Vogeler folgten ihm zum Ärger der „Konservativen“ Mackensen und Hans am Ende. Carl Vinnen verließ 1903 Worpswede und hatte sich schon zuvor verbeten, in Rilkes Monographie aufgenommen zu werden. Fritz Overbeck zog sich 1905 nach Bröcken bei Vegesack, wo er auch starb, zurück. Allerdings blieb die Künstler-Vereinigung noch als Möglichkeit für gemeinsame Ausstellungen ein Bindeglied.
Schon längst hatten persönliche Neigungen und Schicksale begonnen, die Entwicklung des Künstlerortes zu bestimmen. Heinrich Vogeler hatte Martha Schröder (1878-1961), die Tochter einer Worpsweder Lehrerswitwe, die Mackensen 1897 in einem hinreißend schlichten Bild als „Mädchen am Gartenzaun“ gemalt hatte, kennengelernt und in ihr alles in einem, das natürliche Mädchen aus dem Moor, die Elfe, die Fee und das Minnefräulein gesehen und zur zentralen Gestalt seiner Kunst, seiner Bilder und seiner lyrischen Gedichte erhoben. Den „Barkenhoff“ gestaltete er, ohne daß sie das wußte, ganz für sie, und nachdem er sie zur kunsthandwerklichen Ausbildung nach Dresden geschickt hatte, führte er sie als Ehefrau heim auf den „Barkenhoff“, um den sie schon heimlich, weil sie nicht wußte, daß er für sie bestimmt war, gebangt hatte. Nur eines hatte er, der absolute Idealist, übersehen, nämlich, daß sie eine Frau und kein zum Idealbild stilisierbares weibliches Wesen war, und so schwelte schon von Anfang an trotz dem aus kulturellem und gesellschaftlichem Glanz und inniger Familiengeborgenheit mit Freude an den Kindern gemischten Glück im Hause Vogeler ein heimlicher Brand, der schließlich zur Trennung führen mußte und für Heinrich Vogeler zum Schicksal wurde, weil er im-

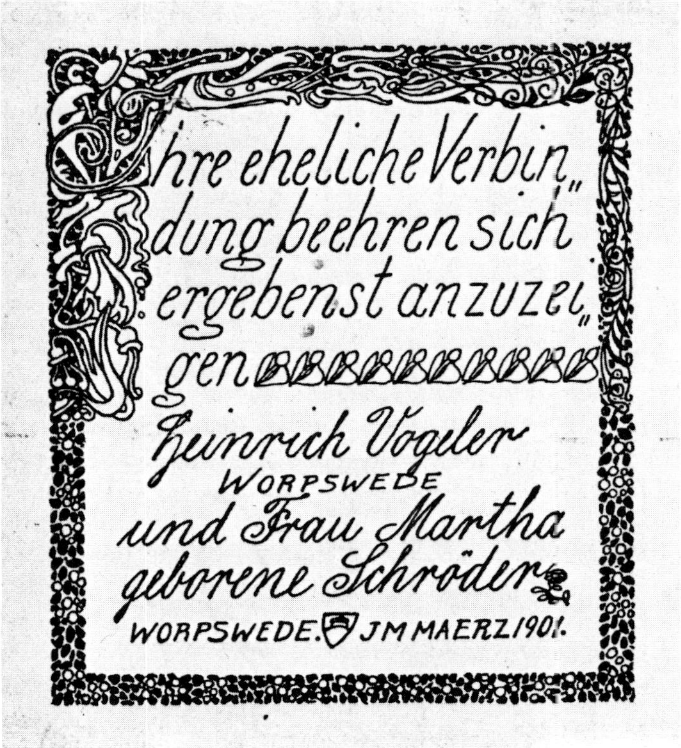

Von Heinrich Vogeler entworfene Anzeige seiner Verehelichung mit Martha Schröder, Worpswede, März 1901.

mer wieder und immer mehr den Fehler beging, in die menschliche Wirklichkeit seine Ideale hineinzusehen. 1901 heiratete Heinrich Vogeler Martha Schröder. Das Jahr wurde für Worpswede zum Heirats- und Schicksalsjahr. Otto Modersohn heiratete, kurz nachdem er Witwer geworden war, Paula Becker, und Rainer Maria Rilke ging unüberlegt und – was nie zu klären sein wird – wohl in einer Proteststimmung gegen die geschlossenen Ehen selbst eine schnelle Ehe mit Clara Westhoff ein.

Vom Jugendstil zum Expressionismus 1902-1918

1901 begann in Worpswede, nicht zuletzt durch die drei Eheschließungen von Vogeler, Modersohn und Rilke, ein neuer Abschnitt. Die „Ur-Worpsweder" trennten sich und verstreuten sich, seit sie zu überregionalem Ansehen kamen. Seit 1902 stellten sie nicht mehr gemeinsam als Gruppe aus. Mackensen erbaute sich 1900 bis 1904 seinen pompösen Künstlersitz, das Haus Susenbarg, mitten in der Landschaft am Hang, nach heutiger Auffassung eine Umweltsünde, die nur in den späteren Jahren durch den Baumbewuchs verdeckt wurde. 1907 heiratete er seine hochbegabte Schülerin Hertha Stahlschmidt (1884-1949), die für ihn alle ihre künstlerischen Möglichkeiten zurückstellte, um ihm Frau und Stütze zu sein, ähnlich wie Hermine Rohte (1889-1937), die Overbecks Frau wurde. Ein größerer Gegensatz als der zwischen Vogelers „Barkenhoff" und Mackensens „Villa Susenbarg" läßt sich kaum denken und macht auch innere, weltanschauliche Gegensätze spürbar. Diese entwickelten sich zunehmend zu einer Polarisierung zwischen Mackensen und am Ende, den mehr national und konservativ gesonnenen einerseits und Modersohn und Vogeler, die eher fortschrittlich eingestellt waren und einen entsprechenden Kreis um sich bildeten, andererseits. 1908 verließ Mackensen für ein Jahrzehnt Worpswede; er wurde Lehrer, 1910 Direktor der Weimarer Akademie. Im gleichen Jahr zog Modersohn nach Fischerhude, das schon vor ihm als Künstlerort entdeckt, doch erst durch ihn recht eigentlich zum Künstlerort wurde; 1909 schloß er seine dritte Ehe mit Louise Breling (1883-1950), einer Tochter des dort nach dem Tode König Ludwigs II. in norddeutscher Zurückgezogen-

heit lebenden bayerischen Hofmalers Heinrich Breling. Etwas ganz Neues und lange Unbekanntes war 1898 durch Paula Becker, Modersohns zweite Frau, nach Worpswede gekommen. Am Anfang ihres umfangreichen künstlerischen Schaffens stand die nachhaltige Prägung in einer großbürgerlichem Lebensstil und kultureller Tradition verpflichteten Familie. Nach dem Abschluß einer als Existenzsicherung gedachten Lehrerinnenausbildung durfte sie 1896-98 in Berlin das Kunststudium beginnen und anschließend in Worpswede weiterführen. Aufgrund ihres außergewöhnlichen Wesens nahm sie hier bald eine besondere Stellung ein. Ebenso bescheiden und einfühlsam wie immer dominierend, ebenso vornehm wie urwüchsig, ebenso gemessen wie exaltiert, ebenso leistungsfähig, ja sportlich, wie schwach, hatte sie eine außerordentliche Ausstrahlung. Zu ihrer Aufgeschlossenheit für alles Kulturelle und Künstlerische hatte sie eine starke literarische Begabung und ein hellsichtig scharfsinniges, gelegentlich allerdings auch anmaßendes Urteil. Wer sich in ihre vielen Tagebuchaufzeichnungen und Briefe einliest und die vielen Selbstbildnisse und Fotos, die es von ihr gibt, betrachtet, findet sich noch achtzig Jahre nach ihrem Tod mit einer schillernden Persönlichkeit konfrontiert.
Als Künstlerin war sie trotz empfindlicher Rückschläge immer sicher in ihrem Streben nach etwas Absolutem. Mit einem sehr individuellen Sinn für Realität suchte sie alles auf das Wesentliche zu vereinfachen und zu verinnerlichen. Mit besonderer Liebe nahm sie sich künstlerisch der Menschen im Moor an, der Armen, der Alten und der Kinder, doch lag ihr bei der Schilderung von deren Dürftigkeit jedes soziale Engagement fern. Im Dezember 1899 stellte sie – wahrscheinlich nicht gut beraten und voreilig – zum ersten und einzigen Mal in Bremen aus. Sie erfuhr eine niederschmetternde Kritik von Arthur Fitger, wurde aber durch sie wenig entmutigt.

Beständiges Weiterarbeiten und unermüdliches Lernen bestimmten ihr Leben. Daß Worpswede auf lange Sicht Enge bedeutete, hatte sie früh empfunden, und so brach sie – auch eine Ehekrise stand dabei später im Hintergrund – 1900, 1903, 1905 und 1906 nach Paris auf. Doch fand sie durch Otto Modersohn, der sie immer förderte und unterstützte, wieder nach Worpswede zurück. Am 2. November 1907 erfüllte sich ihr Wunsch, ein Kind zu haben. Wenige Wochen nach der Geburt der Tochter Mathilde, am 20. November, als sie erstmals das Wochenbett verließ, setzte ein plötzlicher Tod ihrem Leben ein Ende, das sie als Fest empfunden hatte und mit den Worten „wie schade" besiegelte.
Nach ihrem Tod fand man ein umfangreiches, von ihr zum größten Teil im Verborgenen gehaltenes malerisches Werk, das mit einem Schlage große Bedeutung gewann und zahlreiche Veröffentlichungen, auch ihrer Briefe und Tagebücher, nach sich zog. Noch heute, da die erste Überraschung längst der Geschichte angehört, wie die frühe wohl manches überschätzende Begeisterung für ihre Kunst und deren Renaissance nach der schändlichen Verteufelung als „entartete Kunst" im Dritten Reich, ist ihr Werk immer noch nicht vollständig überschaubar und eingeordnet. Die Scheidung der fertigen und abgeschlossenen Bilder von den unvollendeten, ja aufgegebenen, doch in ihrer Vorläufigkeit eindrucksvollen Bilder bereitet nach wie vor Schwierigkeiten. Immerhin ließ sich feststellen, daß sie nicht als „Mutter" des deutschen Expressionismus gelten kann und daß die Behauptung falsch ist, sie habe zu Lebzeiten keinerlei Anerkennung gefunden. Otto Modersohn war von ihr als Künstlerin überzeugt, ebenso Heinrich Vogeler, der als erster ein Stilleben von ihr kaufte. Sogar ihr Lehrer Fritz Mackensen, dem sie selbst so skeptisch gegenüberstand, würdigte sie positiv. Vor allem aber bewunderte sie Bernhard Hoetger (1874-1949), den sie

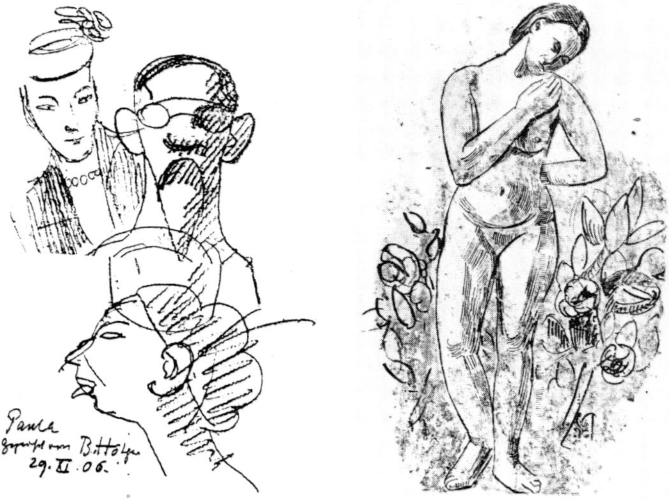

Bernhard Hoetger: Drei Porträtskizzen für Paula Modersohn-Bek-
ker vom 29. 11. 1906 (links) und Studie eines stehenden weiblichen
Aktes, undatiert (rechts); aus dem Skizzenbuch des Künstlers.

1906 in Paris kennengelernt hatte. Nachdem er schon 1909 ihr Grabmal geschaffen hatte, zog er 1914 an den Ort ihres Wirkens.

Etwas Neues und Großes kam auch durch Clara Westhoff-Rilke, ihre Freundin, deren bildhauerisches Talent ihr Lehrer Fritz Mackensen 1898 entdeckt hatte. Ihre Ehe mit Rilke, aus der eine Tochter, Ruth, hervorging, zerbrach bald. Der von Vogeler gestaltete Landsitz in Westerwede wurde aufgegeben. Ausgedehnte gemeinsame und getrennte Reisen folgten sowie Aufenthalte in Paris bei Auguste Rodin, in Rom und in Berlin und immer wieder in Oberneuland bei Bremen, dem Sitz ihrer Familie, und in Worpswede bei Heinrich Vogeler. Nach dem Tod von Paula Modersohn übernahm sie vorübergehend deren kleines Atelier in Hermann Brünjes Hof. 1917 ging sie nach Fischerhude, wo sie 1919 ihr Haus in der Bredenau bezog. Daß sie auch eine ausgezeichnete Malerin und Zeichnerin war, geriet durch ihr bedeutendes bildhauerisches Werk, besonders durch ihre ausdrucksstarken Portraitplastiken von Paula Becker, Rainer Maria Rilke, Heinrich Vogeler, Gerhart Hauptmann, Richard Dehmel, Ricarda Huch, Karl Wolfskehl, Rudolf Alexander Schröder und vielen anderen zu sehr in Vergessenheit.

Geltung und Entwicklung des Künstlerortes Worpswede wurden trotz der Entfremdung seiner Entdecker während des ersten Jahrzehnts des neuen Jahrhunderts nicht beeinträchtigt. Immer wieder kamen neue Künstler: 1900 als Schüler Overbecks der farbexpressive Bremer Landschaftsmaler Carl Jörres (1872-1947), 1906 der Maler und Grafiker Edwin (später Etvin) Koenemann (1883-1960), der als Literat, Kunstfreund und Sammler zu einem skurrilen Propagandisten Worpswedes wurde und eine in ihrem Quellenwert kaum zu überschätzende erste Sammlung von Worpsweder Postkarten anlegte, der Grafiker Franz Hermann (1881-1926), der unter

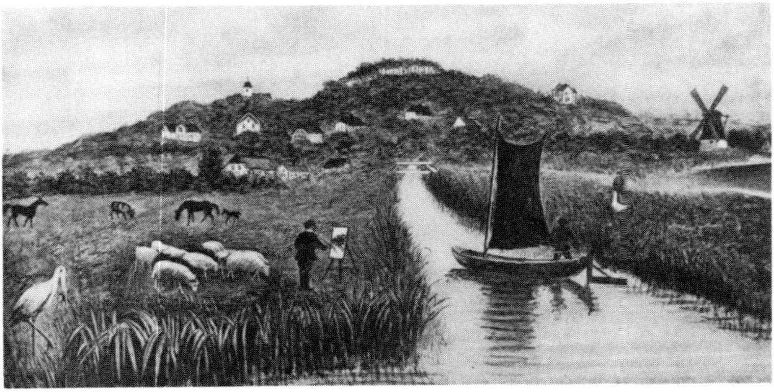

Unbekannter Künstler: „Künstlerdorf" Worpswede, Karikaturistische Postkarte, um 1905.
Die charakteristischen und beliebten Motive, die Kirche, der Weyerberg und die Windmühle sind aus der Richtung des Ausflugslokals „Neu-Helgoland" gesehen. Im Vordergrund die Hammeniederung mit einem Künstler, der vor der Natur eine ländliche Idylle malt.

dem Pseudonym Franz Masson mit seinen witzigen und satirischen Bildpostkarten die Worpsweder Szene kritisch beleuchtete, und Georg Tappert (1880-1957), der bis 1910 am Ort eine private Malschule führte und 1908-10 in ihr den Expressionisten Wilhelm Morgener (1891-1917) als Schüler hatte, 1907 Udo Peters (1884-1964), der zum beständigen Vertreter der zweiten Worpsweder Generation wurde, 1908 der 1933 erst in die Schweiz und dann in die Vereinigten Staaten emigrierte expressionistische Maler, Grafiker und Schriftsteller Karl Jakob Hirsch (1892-1952), 1909 der Berliner Maler und Töpfer Fritz Blau (1883-1971), 1910 der Maler Wilhelm Bartsch (1871-1953), schließlich durch Vogeler Carl Emil Uphoff (1885-1971). Er übernahm den Brünjes Hof mit Paula Beckers Atelier und spiegelte, bald von der Revolution enttäuscht, deutlicher als viele andere die weltanschaulichen Unruhen und Ungewißheiten der Zeit. Als Agitator warb er für ein neues Leben, als Kunstschriftsteller feierte er am Beispiel Hoetgers Führertum und Vitalismus, als Lyriker steigerte er sich bis zum antichristlichen Protest, als Bildhauer, Maler und Grafiker gestaltete er expressionistisch Lebensbegeisterung und Passion. Doch das greift, wenn es auch vor der Zeit vor dem Ersten Weltkrieg seine Wurzeln hat, auf die Nachkriegsjahre vor.

Worpswede hatte sich auch als Ort seit der Jahrhundertwende lebhaft zu entwickeln begonnen. Seit 1895 gab es eine Zeitung, seit 1903 einen Verschönerungsverein, in dem mehrere Künstler rege mitwirkten und Heinrich Vogeler mehrere Jahre Vorsitzender war. Einen neuen Akzent erhielt der Ort durch den Einzug des Kunstgewerbes und des Kunsthandwerks. Initiator war wieder Heinrich Vogeler mit seinem universellen Verständnis der Kunst und seiner Idee einer ganzheitlichen ästhetischen Gestaltung des Lebens für alle. 1904 wurde mit dem „Kunst- und Kunstgewerbehaus Worpswede" die erste Galerie am Ort begründet, geführt von seinem Bruder Franz Vogeler (1876-1915) und fortgesetzt von dessen Frau Philine Vogeler (1875-1949), deren Charme und Schönheit einen legendären Ruhm in der ganzen Region hatten. 1908 gründete Franz Vogeler die „Worpsweder Werkstätten", die nach Entwürfen von Heinrich Vogeler gestaltete, bodenständige Formen erneuernde „Bauernmöbel" zum Markenartikel erhoben. Schon seit 1890 bestand der Plan, durch eine Eisenbahn zwischen Osterholz und Bremervörde die Moorgebiete zu erschließen. Doch es dauerte fast zwanzig Jahre bis sie gebaut wurde. Am Heiligen Abend des Jahres 1910 hielt der „Moorexpreß" zum erstenmal in Worpswede. Damit war die Landschaft am Teufelsmoor, was man von vornherein im Auge hatte, für den Fremdenverkehr, insbesondere für den Nahtourismus aus Bremen, geöffnet. Eine Besonderheit dieser Bahnlinie war die Beteiligung von Künstlern. Heinrich Vogeler, der damals in starkem Maße als Architekt tätig war, gestaltete die

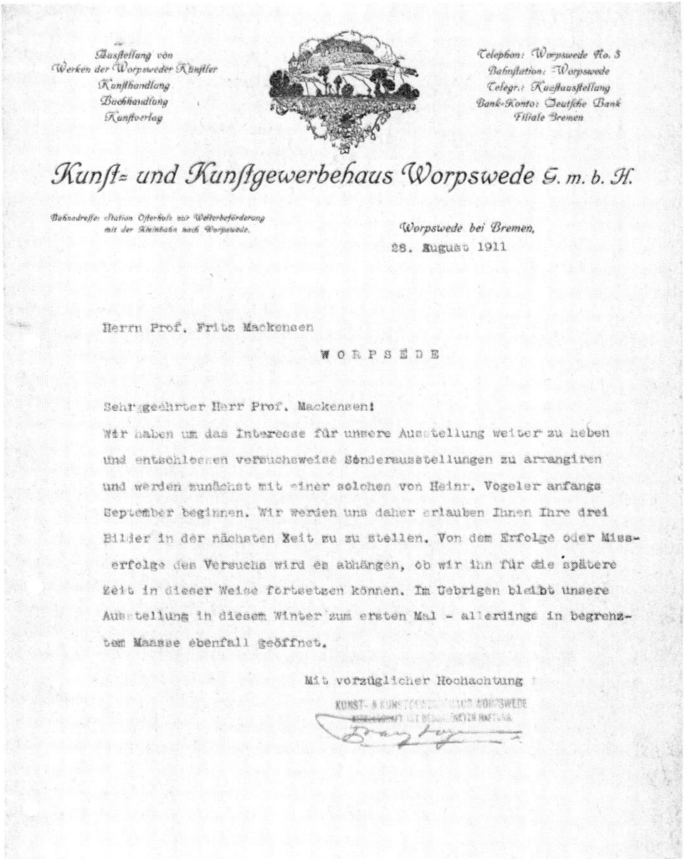

Ausstellung von
Werken der Worpsweder Künstler
Kunsthandlung
Buchhandlung
Kunstverlag

Telephon: Worpswede No. 3
Bahnstation: Worpswede
Telegr.: Kunstausstellung
Bank-Konto: Deutsche Bank
Filiale Bremen

Kunst- und Kunstgewerbehaus Worpswede G. m. b. H.

Bahnadresse: Station Osterholz zur Weiterbeförderung mit der Kleinbahn nach Worpswede.

Worpswede bei Bremen,
28. August 1911

Herrn Prof. Fritz Mackensen

WORPSEDE

Sehr geehrter Herr Prof. Mackensen!

Wir haben um das Interesse für unsere Ausstellung weiter zu heben und entschlossen versuchsweise Sonderausstellungen zu arrangiren und werden zunächst mit einer solchen von Heinr. Vogeler anfangs September beginnen. Wir werden uns daher erlauben Ihnen Ihre drei Bilder in der nächsten Zeit zu zu stellen. Von dem Erfolge oder Misserfolge des Versuchs wird es abhängen, ob wir ihn für die spätere Zeit in dieser Weise fortsetzen können. Im Uebrigen bleibt unsere Ausstellung in diesem Winter zum ersten Mal – allerdings in begrenztem Maasse ebenfall geöffnet.

Mit vorzüglicher Hochachtung !

KUNST- & KUNSTGEWERBEHAUS WORPSWEDE

Brief von Franz Vogeler an Fritz Mackensen aus Worpswede vom 28. 8. 1911. Franz Vogeler, der als Kunsttischler die „Worpsweder Werkstätte“ begründete, betrieb zusammen mit seiner Gattin Philine Vogeler die erste Galerie in Worpswede mit Buchhandlung und Verlag.

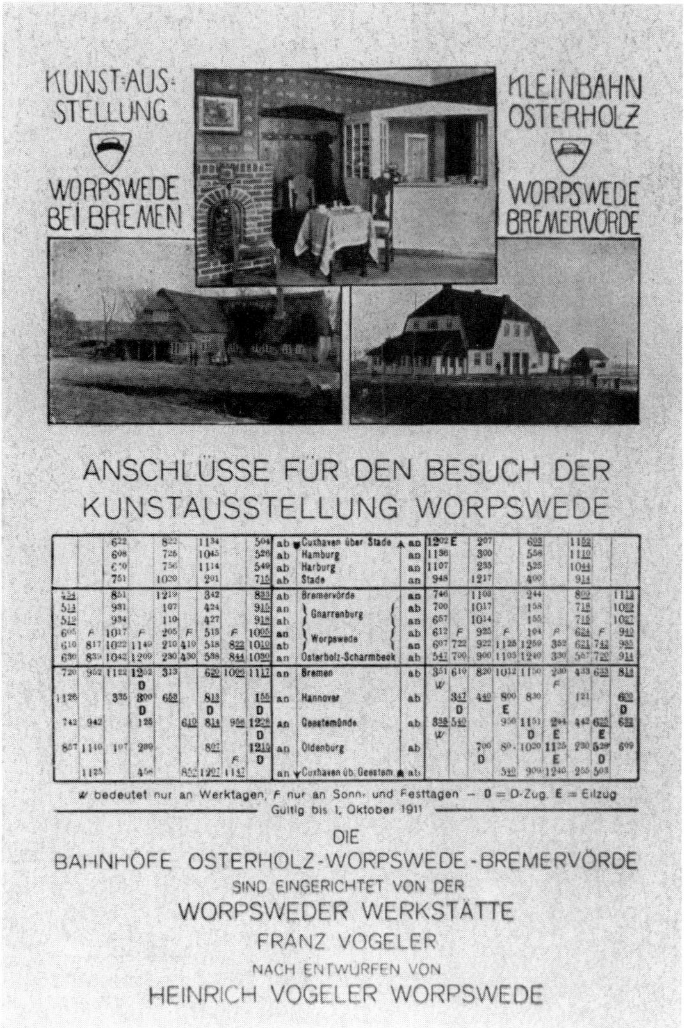

Auch als Bildpostkarte versandte Werbung für die Kleinbahn Bremervörde – Osterholz aus dem Jahr 1911. Der Bahnanschluß Worpswede am 24. 12. 1910 erschloß Worpswede für den Fremdenverkehr und hatte große Bedeutung für die Worpsweder Kunstausstellungen und Werkstätten.

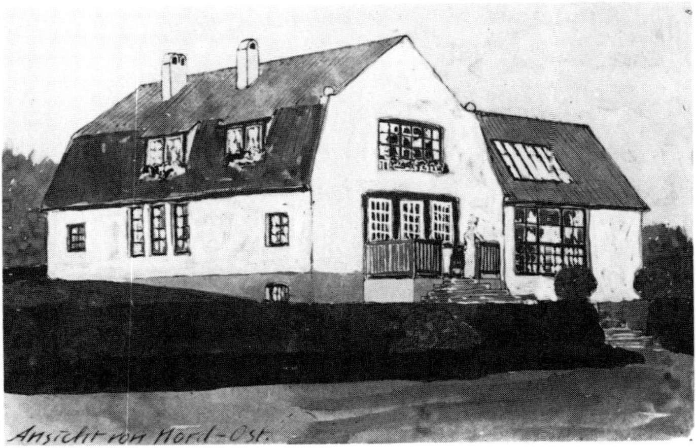

Wohn- und Atelierhaus von Wilhelm Bartsch, entworfen von Heinrich Vogeler, an der Bergstraße in Worpswede, Nordostansicht.

Bahnhöfe von Worpswede, Gnarrenburg, Bremervörde, Osterholz und Weyermoor und verwirklichte dabei den Gedanken einer neuen, mit den überlieferten Formen der Heimat in Einklang stehenden Kunst und den sozialen Gedanken einer Kunst für alle. Entscheidende Anregungen empfing er durch die Besichtigung der Arbeitersiedlung der Sunlight Company bei Liverpool 1909 und durch Philipp Morris, der sich als Anhänger der sozialistischen Bewegung auf dem Gebiet des Kunstgewerbes betätigte.

Der „Barkenhoff", die Güldenkammer und der Worpsweder Bahnhof dürfen als seine geschlossensten und gültigsten Werke gelten. Doch schon während sie entstanden, bahnte sich bei ihm eine Krise an. Seine malerische Kraft ließ nach, als Künstler war er nun nicht mehr so gefragt wie vordem, und in seiner Ehe kriselte es seit langem. Von ihm zum Idol stilisiert und dennoch im

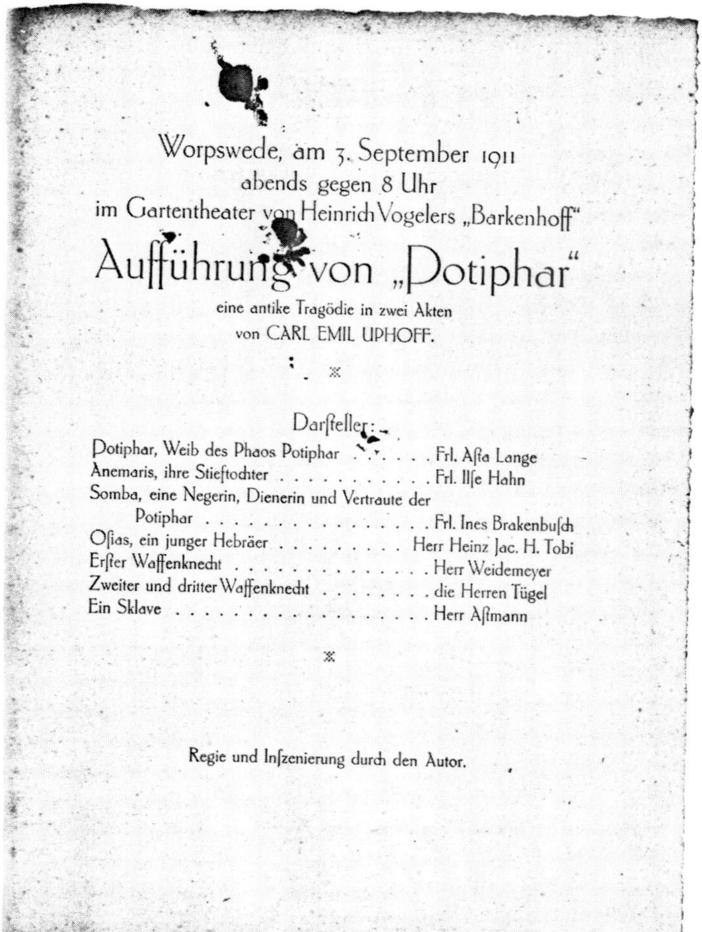

Worpswede, am 3. September 1911
abends gegen 8 Uhr
im Gartentheater von Heinrich Vogelers „Barkenhoff“

Aufführung von „Potiphar“

eine antike Tragödie in zwei Akten
von CARL EMIL UPHOFF.

※

Darsteller:

Potiphar, Weib des Phaos Potiphar . . . . Frl. Asta Lange
Anemaris, ihre Stieftochter . . . . Frl. Ilse Hahn
Somba, eine Negerin, Dienerin und Vertraute der Potiphar . . . . Frl. Ines Brakenbusch
Osias, ein junger Hebräer . . . . Herr Heinz Jac. H. Tobi
Erster Waffenknecht . . . . Herr Weidemeyer
Zweiter und dritter Waffenknecht . . . . die Herren Tügel
Ein Sklave . . . . Herr Aßmann

※

Regie und Inszenierung durch den Autor.

Programm der Aufführung von Carl Emil Uphoffs Tragödie „Potiphar“ auf Heinrich Vogelers „Barkenhoff“ am 3. 9. 1911 durch Damen und Herren des Worpsweder Künstlerkreises, ein Zeugnis für das gesellschaftliche und bürgerlich kulturelle Leben am Ort.

Vielbeschäftigtsein vernachlässigt, antwortete Martha mit der Hinwendung zu Ludwig Bäumer (1884-1926), einem verkrachten Studenten, der sich als expressionistischer Lyriker versuchte und später meinte, sich als Revolutionär hervortun zu müssen. Unter diesen Umständen wirkte der Ausbruch des Ersten Weltkriegs in einer für uns heute schwer nachvollziehbaren Weise als Scheinbefreiung. Wie Mackensen und am Ende meldete sich Heinrich Vogeler freiwillig. Dank seines Ansehens erhielt er eine Sonderstellung bei der Nachrichtentruppe. Der Schock der Kriegswirklichkeit und die Beschäftigung mit sozialistischen Gedanken ließen ihn zum Pazifisten werden. Er schrieb „Das Märchen vom lieben Gott, Brief eines Unteroffiziers an den Kaiser im Januar 1918, als Protest gegen den Frieden von Brest-Litowsk". Das führte zu seiner Verhaftung, und nur weil der dazu abkommandierte Offizier ihn nicht ins Gefängnis, sondern in eine Irrenanstalt brachte, entging er einem Prozeß und kam zu Kriegsende wieder frei.

Die aufregenden zwanziger Jahre 1918-1933

Der dritte Abschnitt der Geschichte des Künstlerortes begann nach dem Ersten Weltkrieg mit Wirren und Peinlichkeiten. Vogeler, dessen künstlerischer Feinsinn und literarischer Idealismus sich für Politik von vornherein nicht eignete, engagierte sich im Arbeiter- und Soldatenrat für die Revolution und kommunistische Ziele. Daß er mit geschultertem Gewehr bei den Worpsweder Bauern Lebensmittelkontrollen durchführte, war seiner gewiß ebenso unwürdig, wie es Mackensens unwürdig war, über die „linken" Umtriebe seines Künstlerkollegen denunzierende Berichte nach Bremen zu liefern.
Als die Revolution in Bremen gescheitert war, machte Vogeler seinen „Barkenhoff" zum Zentrum eines neuen Lebens im Sinne des „Kommunismus". Wie er einst Martha Schröder zum Inbegriff der Landschaft idealisiert hatte, so idealisierte er jetzt die junge sächsische Arbeiterin Marie Griesbach (1896-1984), die „rote Marie", zum Inbegriff eines sozialistischen Lebens. Als durch die Beziehung zu ihr die familiären Verhältnisse auf dem „Barkenhoff" unhaltbar geworden waren, trennten sich Martha und Heinrich Vogeler. Mit ihren Kindern bezog sie das aus einem abgängigen Bauernhaus aus Lüningsee errichtete und 1936 durch Umsetzung eines Bauernhauses aus Grasdorf erweiterte „Haus im Schluh" und fand dort durch die Übernahme der grafischen Vorlagen von Heinrich Vogeler, die Einrichtung einer Kunstweberei und die Durchführung von Webkursen mit Pensionsbetrieb eine neue Existenz. Das „Haus im Schluh" besteht bis heute und birgt außer einer schönen Sammlung von Vogelers Arbeiten das von Hans-Herman Rief mit einem durch dessen zweite

Erklärung

der

Worpsweder Maler.

Die unterzeichneten Worpsweder Maler erklären hierdurch entgegen den auch in der Presse auftauchenden Gerüchten und ohne Unterschied ihres sonstigen politischen Standpunktes mit dem kommunistischen Treiben in Worpswede nichts zu tun zu haben, bekennen sich vielmehr im völligen Einvernehmen mit dem weitaus größten Teil der Bevölkerung als entschiedene Gegner des Kommunismus und erheben scharfen Einspruch gegen die von ihnen angemaßte Gewaltherrschaft.

Worpswede, 31. Januar 1919.

(gez.) W. Bartsch,
W. Bertelsmann,
K. Krummacher,
Prof. F. Mackensen,
E. Meyer,
P. Müller,
A. Schiestl.

Öffentliche Erklärung der Worpsweder Maler gegen die vor allem mit der Person Heinrich Vogelers verbundenen revolutionären und kommunistischen Aktionen in Worpswede vom 31. 1. 1919.

Heimat Paris ständig geschärften internationalen Kunstblick fürsorglich betreute „Worpsweder Archiv".
Heinrich Vogeler verwandelte den „Barkenhoff" in eine Kommune und Arbeitsschule, in der er zu verwirklichen suchte, was ihn bewegte: eine Religion allumfassender Liebe, eine von Tatendrang erfüllte Friedenswelt. Das vielbeachtete Experiment war zum Scheitern verurteilt. 1923 übergab er den Hof als Heim für die Kinder politisch Verfolgter an die „Rote Hilfe". Er selbst fand eine neue Hoffnung in der Verbindung mit Sonja (Zofia) Marchlewska und in Reisen nach Rußland, von denen er in Wort und Bild begeistert berichtete. Den realistischen, mit einem mäzenatischen Angebot verbundenen Rat von Ludwig Roselius, die sozialistischen Utopien aufzugeben und wieder zu malen, schlug er aus. Das letzte, was er in Worpswede schuf, waren die zwischen 1920 und 1926 gemalten „Barkenhoff-Fresken", die sozialistischen Kampf und Aufbau unter geschickter Raumausnutzung in Form von aus Motiven montierten Komplexbildern darstellten. 1927 löste die obrigkeitliche Forderung nach ihrer Beseitigung, die dann später doch noch durch einen schnellen und infamen Bubenstreich des Dritten Reichs erfolgte, einen weltweiten Protest aus. Im gleichen Jahr sah sie der Mexikaner Diego Rivera (1886-1957) und empfing durch sie für seine Arbeit entscheidende Anregungen, die Vogelers Bilder mit der Geschichte des neueren Wandbildes eng verknüpfte.
1928 verließ Vogeler Worpswede. Schon alternd, versuchte er in Berlin und Moskau einen Neubeginn. Doch folgten Not und Enttäuschung, und zum drittenmal brach die Verbindung zu einer von ihm zunächst verklärten Frau. Immer noch war er wie der jugendlich nach Worpswede gekommene Träumer auf der Suche nach Heimat, und seine Idealisierung des neuen Lebens in der Sowjetunion ist nur als Wunschbild unerfüllter

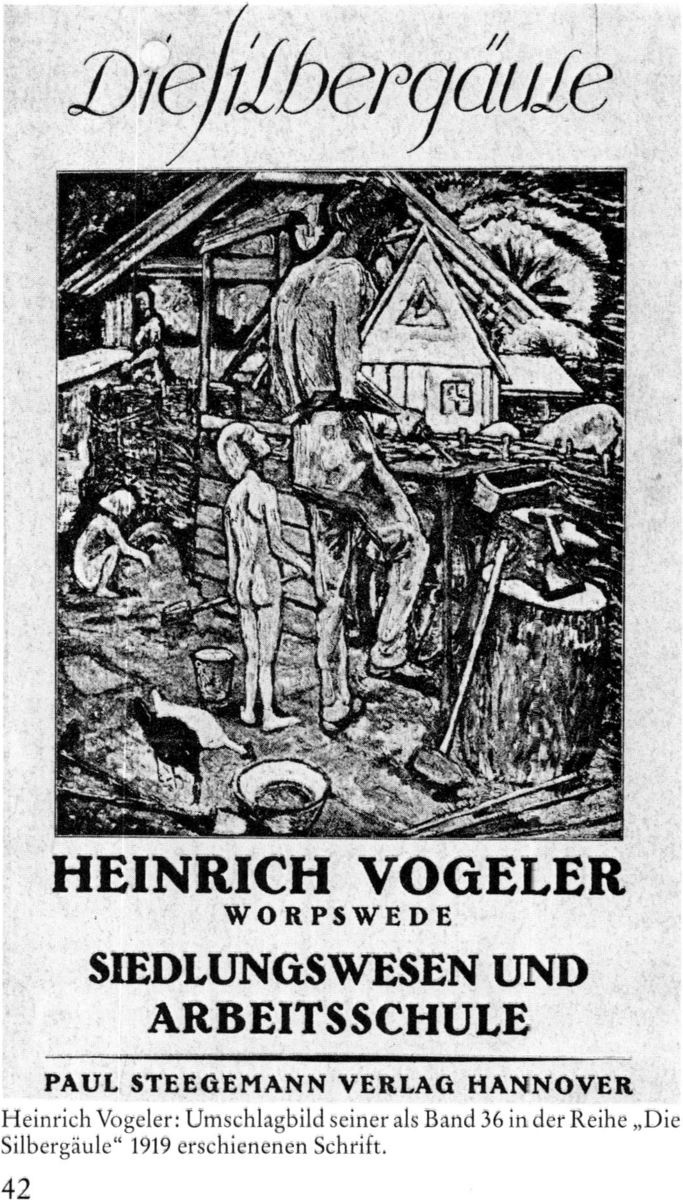

Heinrich Vogeler: Umschlagbild seiner als Band 36 in der Reihe „Die Silbergäule“ 1919 erschienenen Schrift.

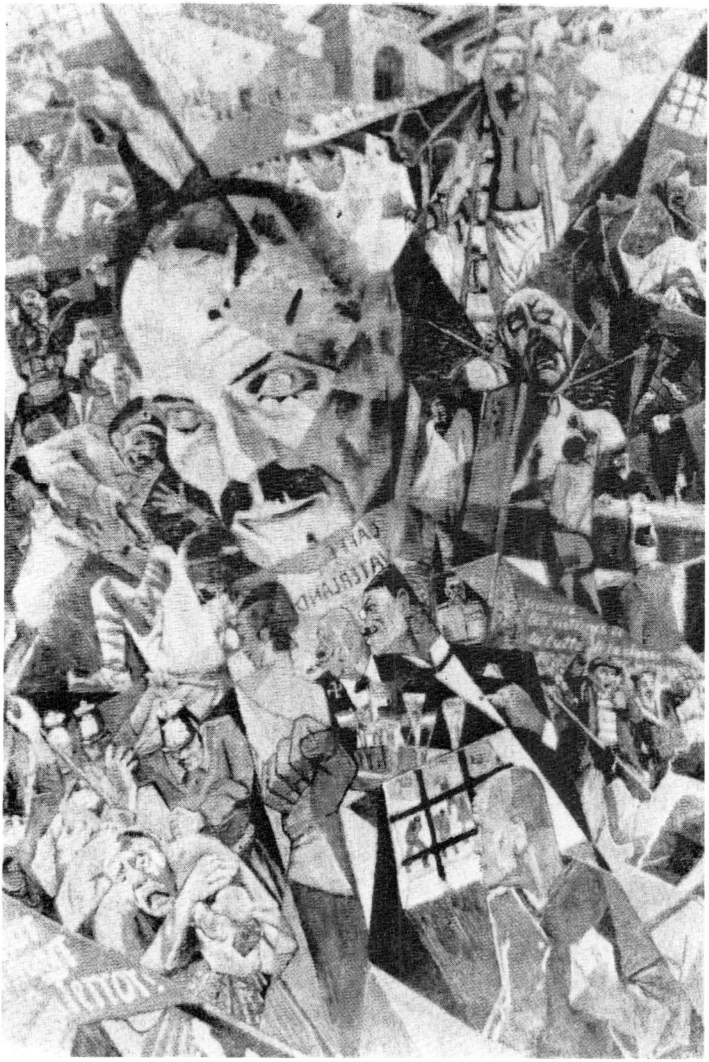

Heinrich Vogeler: „Gedenket am 18. März der Opfer des ersten Terrors“, Komplexbild 1927.

Mitmenschlichkeitssehnsucht zu verstehen. Was er erträumte und erstrebte, zerfiel ihm so, wie sein märchenhafter „Barkenhoff", aus dem ein nichts eintragender, terrassenartiger Krauthof geworden war, verfiel.
Während hier ein einst weithin glänzendes Stück von Worpswede dahinging, entstand aus verwandtem Geist der Verbindung moderner Ideen mit der Wahrung heimischer „niedersächsischer" Tradition Neues durch Bernhard Hoetger, den vielseitigen, von leidenschaftlich ins Gigantische und Universale strebendem Schaffensdrang besessenen Künstler. Kurz vor dem Ersten Weltkrieg war er von Paris über Darmstadt nach Worpswede gekommen und hatte sein erstes Haus, den 1923 unter nie geklärten Umständen abgebrannten „Brunnenhof", im Stil eines orientalischen Palastes gebaut. Er baute 1921 sein zweites Haus am Fuße des Weyerbergs, 1919-25 den „Niedersachsenstein", 1925 das als „Café verrückt" zunächst verschrieene „Café Worpswede", daneben 1926 das Logierhaus und 1927 die „Große Kunstschau", 1928 das zunächst als Webwerkstatt konzipierte Haus, das 1938 von der Galerie Philine Vogeler bezogen wurde.
Sein Bauherr, Förderer und produktiver Widerpart im dynamischen Gestalten war Ludwig Roselius (1874-1943). Für die Erfindung des coffeinfreien Kaffees hatte dieser 1906 in Bremen die Kaffee-Handels-Aktiengesellschaft „Kaffee Hag" gegründet. Schon zwei Jahre zuvor hatte er in Bremen die Häuser der Böttcherstraße erworben und begonnen, sie unter Wahrung der Bautradition im Sinne der niedersächsischen Heimatbewegung zu einem vielseitigen Zentrum der Kunst- und Altertumspflege auszubauen. Dort bestand ein Verlag, wurden Zeitschriften herausgegeben. Begabt mit einem Gespür für Entwicklung, sowohl auf kulturellem wie auf technischem und wirtschaftlichem Gebiet, mit einer außerordentlichen Durchsetzungskraft und mit einer glückli-

chen Hand, entfaltete er auf der Basis seines Kaffee-Imperiums ein vielseitiges Mäzenatentum für Kunst und Kunsthandwerk. Durch Hoetger ließ er in der Böttcherstraße 1925-27 das „Paula-Becker-Modersohn-Haus“ und 1929-31 das „Haus Atlantis“ mit dem „Himmelssaal“ gestalten. In diesem wurde 1930 als „Väterkunde-Museum“ seine von Hans Müller-Brauel (1867-1946) fachlich betreute archäologische Sammlung der Öffentlichkeit zugänglich gemacht. 1971 wurde das Museum nach Worpswede in einen Neubau oberhalb der „Großen Kunstschau“ verlegt, das die Ausstellungsräume gegen die Landschaft öffnete und diese mit einbezieht.
Hoetgers Gestaltungen in Worpswede und Bremen, denen, obwohl sie immer umstritten waren, Genialität nie abgesprochen werden konnte, sind nur verständlich aus einem integralen plastischen Arbeiten, einem unmittelbaren Umgang mit den Materialien und der Einheit von Idee und Handwerklichkeit. Als Erbe der Neuromantik und als Vertreter expressionistischen Aufbruchs ging es Hoetger um die Entfesselung der schöpferischen Kräfte schlechthin. Dazu griff er Motive des asiatischen, afrikanischen, antiken und ganz besonders des germanischen Kulturerbes auf.
Als Künstler durchaus international und modern, folgte er zugleich einer Vorstellung von bodenständigem und heimatbezogenem „Niedersachsentum“, wie es gleichzeitig auch bei Roselius und anderen Zeitgenossen begegnet, so vor allem bei dem sachlich und fortschrittlich denkenden und nur dank kompetenter Integrität sein Museum durch die Fährnisse des Dritten Reiches steuernden Oldenburger Museumsdirektor und wissenschaftlichem Betreuer der Eröffnungsausstellung des „Paula-Becker-Modersohn-Hauses“, Walter Müller-Wulckow (1886-1964), der für seine sammlerische Pflege von Paula Modersohn-Becker und Hoetger und seine kulturhistorische Darstellung der Zeugnisse nieder-

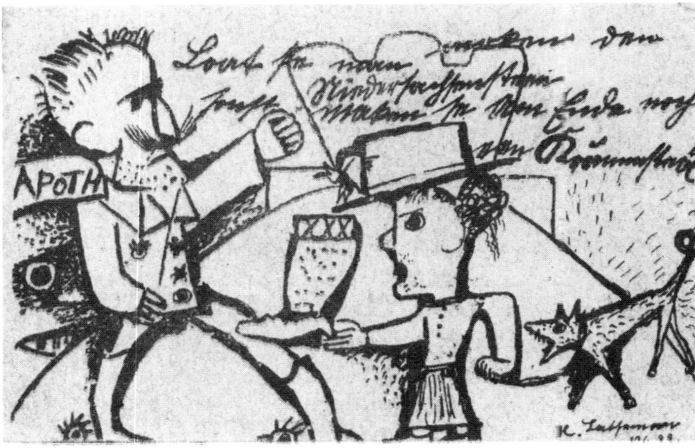

Bernhard Hoetger, Zeichnung für eine der vielen Postkarten, die gegen Fritz Mackensen polemisierten. Worpswede, Anfang der 20er Jahre.

deutscher Volkskunst in diesem Begriff die geistige Klammer fand. Hoetger verwirklichte das „Niedersächsische“ bzw. „Niederdeutsche“ in der Synthese von germanischen Motiven, landschaftsbezogenen Formen und der Verwendung heimischer Werkstoffe wie Backstein, Ton und Holz.

Seine 1922 in Worpswede eröffneten Werkstätten, die „Worpsweder Kunsthütten“, vereinten alle Sparten kunsthandwerklichen Gestaltens. Er selbst, in allen Techniken zu Hause, gab unmittelbare Anregungen und zog Künstler nach Worpswede, so Wilhelm Öhler (1888-1975), der 1922 in Hoetgers „Worpsweder Kunsthütte“ eintrat, später eine eigene Töpferwerkstatt und die Baracke neben dem von Etvin Koenemann errichteten Rundhaus, der „Käseglocke“, bezog und schließlich noch im Alter, als er in einem kleinen Zimmer im „Café Niedersachsen“ unterhalb des Niedersachsensteins sei-

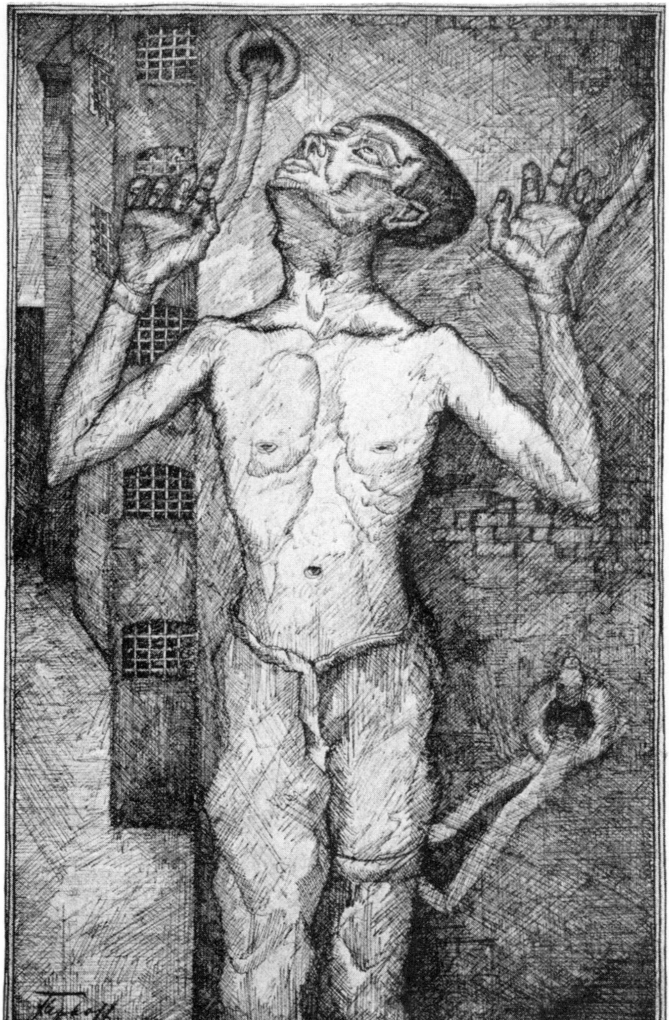

Fritz Uphoff, Illustration zu Walter von Hollanders „Die Legende vom Mann“, Federzeichnung 1923.

nen Lebensabend verbrachte, hinreißende kleine Bilder mit Wandtafelkreide „malte". Im Dritten Reich war Hoetger trotz seiner gigantischen, heimatgebundenen Architekturen als „entartet" verfemt, und trotz mehrfacher eindrucksvoller Versuche erlebte er in der jüngeren und neueren Zeit keine Rechtfertigung und Renaissance wie Paula Modersohn-Becker oder Heinrich Vogeler.
Der gleichen Idee des Werkhofs wie Hoetger folgte der Bremer Walter Müller (1901-1975), der an der Kunstgewerbeschule in Bremen studiert hatte, dann 1919 als Schüler von Heinrich Vogeler nach Worpswede kam und sich als sensibler Maler und Buchillustrator, doch vor allem als Architekt bewährte. Ganz im Stil schlichter Sachlichkeit und funktionaler Einfachheit erbaute er am Ende der 20er Jahre unseres Jahrhunderts die viel bestaunte Dichtervilla von Manfred Hausmann (1898-1986). Müller heiratete Vogelers zweite Tochter Bettina (geb. 1903), die wie ihre Mutter Martha und später ihre Tochter als Hand- und Bildweberin hervortrat, und ihre Werkstatt im „Haus im Schluh" hat. Ihr Sohn Hans Georg Müller (geb. 1924 in Worpswede) machte sich nach einer Möbeltischlerlehre und einem Architekturstudium als Intarsiendesigner 1950 selbständig. Gleichsam als Randnotiz sei eingefügt, daß der Gartenarchitekt Leberecht Migge (1881-1935), der im Zusammenhang mit Vogelers Siedlungsideen 1920 nach Worpswede kam, eine Siedlerschule einrichtete.
Die Künstler, die nach dem Ersten Weltkrieg in Worpswede Fuß faßten und sich in den 20er und 30er Jahren hervortaten, folgten den unterschiedlichsten damals modernen Stilrichtungen. Worpswede war ein Künstlerwohnort geworden. Bernhard (Benny) Huys (1895-1973), der nach seinem Arzneistudium 1917 erstmalig in Worpswede war, wurde 1929 am Ort ansässig und entwickelte sich zum Maler klarer Landschaften, 1919 kamen weitere Künstler: Fritz Uphoff (1890-1966), der mit

seinem Bruder Carl Emil Uphoff und seiner schon 1911 nach Worpswede gekommenen Gattin Lore Uphoff-Schill (1890-1968) 1920 die „Werkgemeinschaft Worpswede" bildete, Albert Schiestl-Arding (1863-1937), ein Bayer, der hier seine künstlerische Krise überwand, Alfred Kollmar (1886-1937), ein Mackensen-Schüler, der sich zum Expressionismus weiterentwickelt hatte, sowie noch Lisel Oppel (1897-1960), die als Kunstgewerblerin begonnen hatte, im Dritten Reich untertauchte und dann durch schöne Kinderbildnisse, Blumenstücke und Landschaften überraschte.

1919 kamen auch Otto (Tetjus) Tügel (1892-1974) und Hans Saebens (1895-1969). Tetjus Tügel darf in seiner Malerei ebenfalls als Vertreter des Worpsweder Expressionismus gelten, in seinem Künstlersein ganz allgemein darüber hinaus auch als Vertreter der Worpsweder Vielseitigkeit. Er adaptierte Stilelemente der alten Worpsweder, der Impressionisten, der Expressionisten, der Neusachlichen und der Surrealen. In seinen von gedanklichen Konstruktionen und religiösen Vorstellungen beschwerten Bildern verströmte er Andacht und Inbrunst. Was ihn aber schon früh heraushob, war seine Originalität, seine Lebenslust, seine vagantenhafte Existenz. Er dichtete und sang, und wenn er in irgendeinem Gasthof zwischen Weser und Elbe einkehrte, gewährten ihm die Wirte freie Zeche, alarmierten den Ort „Tetjus ist da" und hatten daraufhin ein volles Haus. Hans Saebens sicherte der Fotografie, in der er Autodidakt war, einen dauerhaften Platz unter den in Worpswede bereits damals vollzählig vertretenen Künsten. Nach dem in Zeven wohnenden Hans Müller-Brauel, dem wir die meisten Bilddokumente der Künstlerkolonie um 1900 verdanken, wurde er zu „dem" Fotografen Worpswedes. Er entdeckte die herbe Landschaft und das harte Leben in seiner neuen Heimat und damit die norddeutsche Tiefebene überhaupt für die Fotografie und entwickelte in

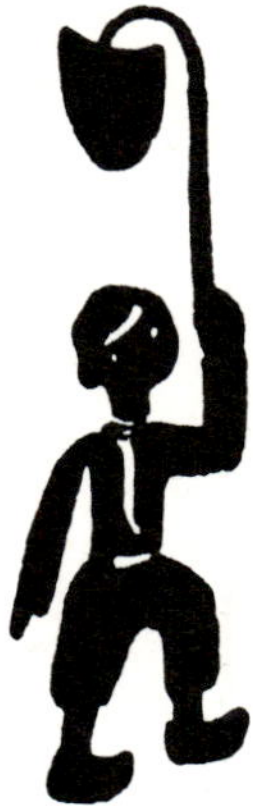

„Die Moder-Songs"

gesungen von dem

Worpsweder

„Hammeglück"

Wenn dich die Leute fragen:
Lebt der alte Vogeler, Vogeler noch?
Ja, so sollst Du sagen:
Jawoll, er lebt wohl noch!
Er lebt nicht in Bulgárien,
Er lebt nur in Berlin,
Verlebt dort seine Ferien
Von Martel und Lenin.

Was wollen wir denn macken∫en,
Was wollen wir denn macken∫en,
Was wollen wir denn macken mit dem Moder∫ohn?
Auch im krummen macken,
Auch im krummen macken,
Auch das krumme macken i∫t am Ende ∫chon.
Nur der ewige Bernhard
Wuchtet Stein auf Stein,
Denke mal, ∫ich zuehren,
Das hat ∫o ∫ollen ∫ein!

Wenn Dich die Leute fragen:
Geht es hier zur Maler-Kolonie?
Ja, so sollst Du sagen:
Dat geiht mi wiet vörbi!
Hier geht es nach Roselígruh,
Nach Dessau, Singapore,
Ägypten ..... mach den Auspuff zu!
Gleich links das größte Tor!

Otto Tetjus Tügel und andere Verfasser: „Die Moder-Songs" – Verse aus dem Spottlied über die Worpsweder Künstlergemeinschaft.

der klassischen Schwarz-weiß-Manier eine künstlerische Vollendung, die für mehrere Fotografengenerationen stilprägend wurde. 1922 kamen durch Hoetger der Berliner Maler und Grafiker Willy Dammasch (geb. 1897), der nach 1933, als Expressionist verfemt, den Ort verließ, jedoch 1957 zurückkehrte, und, bereits als Schülerin von Schiestl-Arding, Sophie Bötjer-Malet (1897-1966) sowie der Niederländer Bram van Velde (geb. 1895), der hier lernte und mit der großzügigen Anlage seiner expressionistischen Portraits und Stilleben den Grund legte für seine abstrakte Malerei; 1925 ging er nach Paris, später nach Amerika. 1925 wurde Heinz Dodenhoff (1889-1981), der Malerei, hierin anfänglich Autodidakt, und Lyrik miteinander verband, für drei Jahrzehnte in Worpswede ansässig.

So wenig, wie es je eine Worpsweder Schule gegeben hatte, so wenig bot die Künstlerschaft am Ort, nun gut zwei Dutzend Künstler und ein knappes Dutzend Kunsthandwerker, stilistisch ein einheitliches Bild. Die unterschiedlichsten Richtungen standen nebeneinander: Heimatbewegung und Wahrung der Kunsttradition neben Aufbruch in die Moderne und Revolutionierung der Kunst. Das Wesentliche war das gemeinsame Leben am Ort, wobei das Persönliche und Private eine außerordentliche Rolle spielte. Trotz aller Verschiedenartigkeit ist die Frage nach dem Gemeinsamen und nach dem spezifisch Worpswedischen nicht ganz unberechtigt. Neben der Bindung an die Landschaft, deren Naturreize nach wie vor kraftvolle Realität waren, darf man es in einer am Ort bestehenden Tradition sehen, Form und Leben, Kunst und Kunsthandwerk zu verbinden und mehrere Kunstgattungen nebeneinander zu pflegen, wofür vor Vogeler schon der Entdecker Mackensen, der sich neben der Malerei auch mit Plastik beschäftigte, Beispiel gab.

Vor allem aber stand von Anfang an neben der bildenden

Kunst die Literatur. Die meisten Worpsweder Maler betätigten sich auch literarisch, schrieben Gedichte, Erzählungen, Essays oder Beiträge über Kunst und über Worpswede, so Mackensen, Overbeck, am Ende, Vinnen, Vogeler und Krummacher, Carl Emil Uphoff, Tügel und Dodenhoff, und durch das intensive Tagebuchschreiben haben auch Otto und Paula Modersohn Anteil am „Literarischen". Hatte Vogeler mit Rilke, Carl Hauptmann und Rudolf Alexander Schröder früh vorübergehend Literaten nach Worpswede gezogen, so tat er es nach dem Ersten Weltkrieg wieder mit Friedrich Wolf (1880-1953). Der sozial engagierte Arzt und Kommunist, der 1919 bis 1921 in Worpswede war, wurde bald einer der bedeutendsten deutschen Zeitdramatiker. Auch sein populäres Buch „Die Natur als Arzt und Helfer" machte ihn weit bekannt. 1950/1951 war er der erste Botschafter der DDR in Polen. Über die Barkenhoff-Kommune schrieb er ein Schauspiel „Kolonne Hund" (1927), das allerdings eines seiner wenig bedeutenden Werke ist. Zum Kreis um Vogeler gehörte ab 1928 auch der Schriftsteller Gustav Regler (1898-1963), der in zweiter Ehe dessen älteste Tochter, die Goldschmiedin Marie-Luise (Mieke) Vogeler (1901-1945) heiratete. In seiner Autobiographie „Das Ohr des Malchus" schilderte er eindrucksvoll sein unstetes Leben als Literat und Emigrant bis zur Heimkehr 1945 und den Irrtum seines parteipolitischen Engagements, auch die Irrtümer Vogelers; noch im Kriege wollte er den Schwiegervater bewegen, Rußland zu verlassen und zu ihm nach Mexiko zu kommen.

Zufällig waren während der gleichen Jahre von 1928 bis 1950 die beiden wichtigsten Worpsweder Literaten gleichzeitig am Ort: Wilhelm Scharrelmann (1875-1950) und Manfred Hausmann (1898-1986). Scharrelmann war Bremer Volksschullehrer und seit seinem erfolgreichen Buch „Jesus, der Jüngling" (1920) freier Schrift-

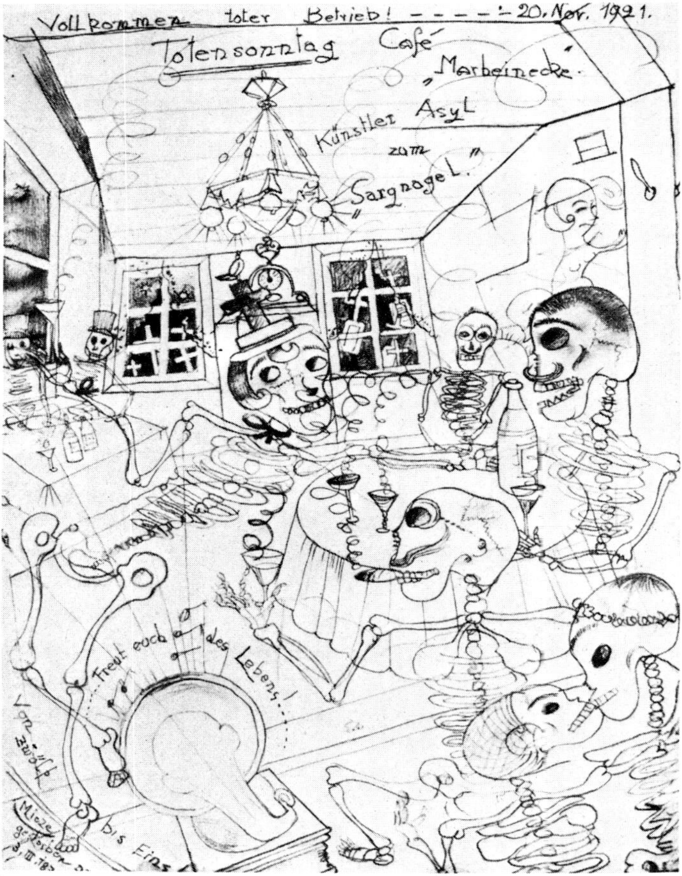

Seite aus dem Gästebuch des „Cafés Heidehof" mit Zeichnungen von Georg Tappert und Texten von Otto Tetjus Tügel 1921.

steller. 1928 erwarb er den „Tannenhof" in Worpswede, wo er bis zu seinem Tode lebte. Seine stets heimatbezogenen und schlicht erzählten Geschichten handeln von einfachen menschlichen und natürlichen Dingen und sind von Religiosität getragen. 1924 initiierte er die „Kogge", eine informelle und fortschrittliche Vereinigung niederdeutscher Schriftsteller, die 1933, ohne sich aufzulösen, verschwand, doch in persönlichen Kontakten weiterbestand. Scharrelmann war lange so etwas wie der ruhende Pol unter den Worpsweder Künstlern, nach dem Zweiten Weltkrieg sogar der Vorsitzende ihrer Vereinigung. In seiner ganz anderen Art spielte auch Hausmann im Kreise der Künstler eine große Rolle. Neben seinen frühen eher vagabundischen und modischen Erzählungen schrieb er Werke aus einer christlichen Religiosität, die ihn später ganz bestimmte.
Der Austausch und die gesellige Gemeinsamkeit waren unter den Künstlern des Ortes in den 20er Jahren besonders rege. 1924 wurde die Erinnerungsfeier „40 Jahre Künstlerort" als festliches Ereignis begangen, 1925 die Vereinigung Worpsweder Künstler durch Carl Emil Uphoff begründet. Das Verbindende lag in dem Verständnis des Ortes als Werk- und Pflegestatt schöpferischer Kräfte schlechthin. In den einzelnen Werk- und Ateliergemeinschaften fand das ebenso seinen Ausdruck wie im Nebeneinander aller Künste, wie in einem bunten Künstlerleben. Ort der Zusammenkünfte und des losen Treibens war das Künstlercafé „Heidehof" unterhalb des Weyerbergs.
Zum Symbol und Zentrum der Gemeinschaft Worpsweder Künstler wurde noch am Ende dieser wohl lebendigsten Phase die „Slotschün" (Schloßscheune). Als diesem ältesten Gebäude am Ort der Verfall drohte, retteten es die Künstler und restaurierten es im Stile eines altniederdeutschen Bauernhauses mit offener Feuerstätte und der Diele in Art eines Heimatmuseums. In Eigenarbeit

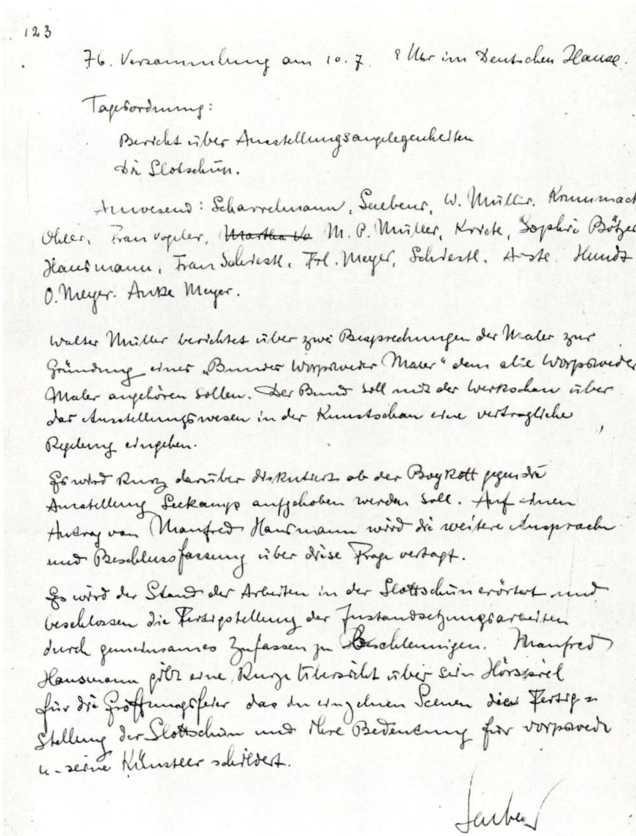

123

76. Versammlung am 10.7. 8 Uhr im Deutschen Hause.

Tagesordnung:

Bericht über Ausstellungsangelegenheiten

die Slotschün.

Anwesend: Scharrelmann, Saebens, W. Müller, Krummacher
Ohler, Frau Vogeler, ~~Martha Vo~~ M. P. Müller, Krebs, Sophie Bötjer
Hausmann, Frau Schiestl, Frl. Meyer, Schiestl, Arste, Hundt.
O. Meyer. Antje Meyer.

Walter Müller berichtet über zwei Besprechungen der Maler zur Gründung eines „Bundes Worpsweder Maler" dem alle Worpsweder Maler angehören sollen. Der Bund soll mit der Werkschau über das Ausstellungswesen in der Kunstschau eine vertragliche Regelung eingehen.

Es wird kurz darüber diskutiert ob der Boykott gegen die Ausstellung Seekamps aufgehoben werden soll. Auf einen Antrag von Manfred Hausmann wird die weitere Aussprache und Beschlussfassung über diese Frage vertagt.

Es wird der Stand der Arbeiten in der Slottschün erörtert und beschlossen die Fertigstellung der Instandsetzungsarbeiten durch gemeinsames Zufassen zu beschleunigen. Manfred Hausmann gibt eine kurze Übersicht über sein Hörspiel für die Eröffnungsfeier das in einzelnen Scenen die Fertigstellung der Slottschün und ihre Bedeutung für Worpswede u. seine Künstler schildert.

Saebens

Seite aus dem Protokollbuch der „Wirtschaftlichen Vereinigung Worpsweder Künstler“ mit der Niederschrift der 76. Versammlung vom 10. 9. 1933 durch Hans Saebens.

legten alle Hand an: Sophie Bötjer-Malet, Hausmann, Walter Müller, Ohler, Saebens und viele andere. Es war ihr Haus. Wenige Jahre später, als alles verdächtig war, was nicht offiziell organisiert und dirigiert war, wurde die „Slotschün“ 1938 im Zuge der neuen Straße nach Osterholz eilfertig abgerissen.

Im Dritten Reich 1933-1945

Wo immer man über Worpswede liest, findet man die Zeit des Dritten Reiches kurz und dürftig behandelt. Das war sie insgesamt wohl auch. Freilich seinen guten Namen hatte Worpswede darum nicht eingebüßt. Wie anders wäre es denkbar gewesen, daß Helmut Schmidt (geb. 1918), der Hamburger Sozialdemokrat und von 1973 bis 1982 der Kanzler der Bundesrepublik Deutschland, als junger Wehrmachtsangehöriger seinen ersten Urlaub zu einem Besuch Worpswedes nutzte.
Es verdient festgehalten zu werden, daß er nach eigenem dankbarem Bekenntnis durch die Achtung der im Dritten Reich verteufelten Kunst des Expressionismus, der er 1938/39 auch im gastfreundlichen Kreis der Fischerhuder Künstler um Otto Modersohn begegnete, immun gegen die Nazi-Ideologie wurde.
Der offizielle Kulturbetrieb der neuen Machthaber unterdrückte sofort brutal alles, was einst revolutionärer, liberaler oder sozialistischer Aufbruch gewesen war und sich in neusachlicher, expressionistischer oder abstrakter Kunst niedergeschlagen hatte. Schon während der 20er Jahre hatten viele von den raschen Neuentwicklungen Zurückgesetzte, denen das Neue fremd und unverständlich und auch undeutsch erschien, eine Opposition gegen die „moderne“ Kunst schlechthin gebildet, und diese Opposition erhielt jetzt offizielle Geltung. Die Künstler der neuen Richtungen mußten untertauchen oder emigrieren wie Lisel Oppel und Karl Jakob Hirsch.
Mit einem Schlage standen hingegen die alten Worpsweder, die etwas in Vergessenheit geraten waren, wieder im Brennpunkt des Interesses. Fritz Mackensen erlebte durch den Nationalsozialismus ein förmliches Comeback. Doch historische Gerechtigkeit verlangt, sein

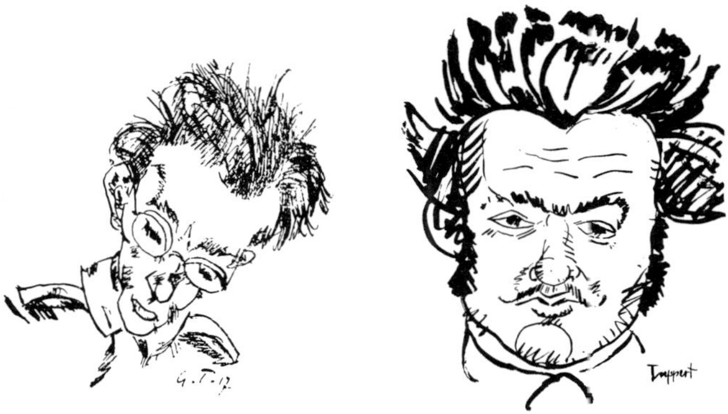

Georg Tappert: Der Maler und Schriftsteller Karl Jakob Hirsch (links) und der Maler Wilhelm Morgner (rechts), Karikaturen, um 1917.

Schicksal genauer zu betrachten. Seit 1900 war er mit Anerkennungen überhäuft worden. Da er nie ein Mann der Kompromisse war, legte er wegen einer persönlichen Verstimmung mit dem Großherzog 1918 die Leitung der Weimarer Akademie nieder. Schon damals bestand der Plan, zur Pflege der heimatverbundenen Kunst aus deutscher Wesensart auf norddeutschem Boden eine Akademie zu gründen, und der Großherzog von Braunschweig hatte Mackensen dafür bereits eine Zusage gegeben. Seine Abdankung machte den Plan zunichte. Mackensen kehrte nach Worpswede zurück. Zwar wurde er hier 1926 zum Ehrenbürger ernannt, aber er stand doch sehr im Hintergrund. Die Zeit war über ihn hinweggegangen.
1933 entsann man sich seiner, und er erhielt vom Bremer Senat den Auftrag, eine „Nordische Kunsthochschule" zu gründen. Obwohl bereits im Ruhestandsalter, erfüll-

te er ihn in wenigen Monaten mit Energie und Geschick. Doch bereits 1935, ein Jahr nach ihrer Eröffnung, wurde er abgesetzt, weil das für ihn unabdingbare Prinzip der freien Lehrerwahl und des freien Kunstschaffens in Ateliergemeinschaft von Meister und Schüler nicht mit dem Führerprinzip vereinbar war. Mackensen hing der Heimatkunst und der Heimatbewegung an und hatte sich früh für die Idee des „Rembrandtdeutschen" Julius Langbehn (1851-1907) – Deutschlands Genesung aus einer organisch gewachsenen Kunst – begeistert. Schlagworte aus Langbehns von 1890 bis 1922 in 84 Auflagen verbreitetem, überemotionalem und oberflächlichem Buch „Rembrandt als Erzieher", die anfangs idealistisch verstanden, Leitbegriffe der Heimatbewegung waren, wurden vom Nationalsozialismus vereinnahmt. Politisch, und vor allem rassistisch, umgesetzt, konnten sie infame Überheblichkeit und infernale Machtausübung rechtfertigen. In den pathetischen Reden zur Eröffnung der „Nordischen Kunsthochschule" in Bremen am 11. Dezember 1933 waren alle Programmpunkte der NS-Kulturpolitik enthalten. Die Konsequenzen haben damals nur wenige begriffen.

Nach dem Ende des Zweiten Weltkriegs 1945 stand Mackensen zum zweiten Male verarmt im Aus. Er litt Not. 1947 veröffentlichte er, hinsichtlich der literarischen Entwicklung mit 50jähriger Verspätung, seinen z. T. autobiographischen und interessante Lebensbilder aus Worpswede enthaltenden Roman „Gerd Klindworth – Betas Sohn" als späte Rechtfertigung seiner Heimatbindung und seines Idealismus. 1953, kurz vor seinem Tod, wurde er vom ersten Präsidenten der Bundesrepublik Deutschland, Theodor Heuss, anläßlich dessen Besuchs mit dem Bundesverdienstkreuz als Begründer des Künstlerortes in Anbetracht seiner Bedeutung für die Kunst in Deutschland ausgezeichnet. Daß er aufgrund seiner Begabung und seines willigen akade-

mischen Fleißes als Landschafts-, Portrait- und Genremaler immer mit an der Spitze der Worpsweder stand, bedarf noch gerecht relativierender Einordnung.
Die Gau-Kultur-Woche Ost-Hannover 1938 mit der Einführung von Mackensen und 1939 mit der Einführung von Hausmann manifestierten den Rückgriff auf die Landschaft, die Heimatkunst und die alten Worpsweder. Worpswede war nun Inbegriff nordisch-niederdeutscher Kunst. Heinrich Vogeler, Paula Modersohn-Becker und Bernhard Hoetger wurden verschwiegen. Das Bremer Paula-Becker-Modersohn-Haus, für die Nationalsozialisten immmer ein Stein des Anstoßes, war schon 1935 geschlossen worden. Der Künstlerort lebte weiter. Verstärkt erfolgte der Rückgriff auf das immer von politischen Tendenzen freie Kunsthandwerk mit seiner Pflege heimischer Formen und Motive. Spezifische Worpsweder Tradition und Kontinuität wahrte das „Haus im Schluh“ auf der Grundlage der Kunstweberei durch Martha Vogeler.
Auch jetzt immer wieder fanden neue Künstler nach Worpswede. 1934 kam Waldemar Augustiny (1897-1978), der als Schriftsteller wesentlich zur Verbreitung von Kenntnis über die ganze Region beitrug. 1936 kam Agnes Sander-Plump (1888-1980), die neben Landschaften und Stilleben besonders Kinderportraits malte und mit ihrem von Karl Carstens, dem fünften Präsidenten der Bundesrepublik Deutschland, bevorworteten Buch „Doris – Kinderjahre in einer Hansestadt 1893 bis 1900“ ein liebenswertes Zeitdokument lieferte und die von Anfang an bestehenden im Laufe der Jahrzehnte immer enger werdenden Beziehungen zur nahen Hansestadt Bremen bekräftigte. 1939 schließlich kam noch Paul Ernst Wilke (1894-1972), der als Maler von Hafen- und Küstenmotiven zum bevorzugten Maler von Bremerhaven wurde.

Neubeginn 1945-1970

Nach dem zweiten Weltkrieg wurde Worpswede, von Krieg und Not weitgehend verschont geblieben, aufgrund seiner Kunsttradition Ort fälliger, geistiger Auseinandersetzungen. Es hatte, wie viele ländliche Orte damals, den Zustrom von Flüchtlingen zu bewältigen, und es trat als Kunstort wieder hervor in der ersten Nachkriegsphase, die bestimmt wurde durch Rückgriff auf die vom Dritten Reich abgeschnittenen Bestrebungen vor 1933, durch Nachholbedarf in Bezug auf die seither erfolgten internationalen Kunstentwicklungen und durch totalen Neuanfang. Bereits im Juli 1945 konnte Martin Goldyga in der „Worpsweder Kunstschau“ die erste Ausstellung mit Künstlern eröffnen, die im Dritten Reich unerwünscht waren; die Einführung machte Manfred Hausmann. Paula Modersohn-Becker trat neu in den Blickpunkt des Interesses und wurde 1947 durch eine große Ausstellung in der Bremer Kunsthalle gewürdigt.

Eine neue Heimat Suchende belebten die Kunstszene. Bernhard Kaufmann (1897-1981) begründete seinen Berliner Verlag in Worpswede neu, wurde führend in der Herausgabe von Kunstpostkarten und legte in seinem „Haus am Weyerberg“ eine Sammlung Worpsweder Künstler an, die seit 1987 als Galerie Worpsweder Meister in einem historischen, eigens restaurierten Bürgerhaus in Stade gezeigt wird. Unmittelbar nach ihrer Eheschließung fanden der Maler und Buchgrafiker Martin Kausche (geb. 1915) und die Grafikerin Eva Kausche-Kongsbak (geb.1918) am Ort eine neue Heimat. Er erwarb sich als Vorsitzender der Künstlervereinigung und engagierter Organisator der Worpsweder Atelierhäuser nachhaltige Verdienste. Sie machte sich einen Namen als intelligente und sensible Zeichnerin, als Illustratorin,

verkleidet euch! ihr musikversessenen. ihr lieben tanzverbissenen. wir wollen das klafünff spielen. ihr braucht nur dran zu tippen, und — was ihr wollt — es ertönen walzer und quadrillen. und wenn ihr's schräg auf den kopf stellt, rast der jazz aus dieser klapperkiste.

verkleidet euch! und holt die bunten fähnchen aus den schränken, den flitter und die verdätschten hüte, die lächerlichen gelben stiefel und die ringelstrümpfe. jeder rock paßt und wenn die nähte platzen. kommt doppelt arrogant und liebenswert zugleich, vielleicht mit einer rosa nelke hinter dem ohr: als dachboden-hautevolée.

---

klafünff! ein altes, etwas überspanntes, emporgekommenes klavier, halbelektrischer natur. durch unvorhergesehenen atomdruck aus der tiefe eines tanzsaales in die höhe des dachbodens geschleudert. von den größten komponisten seiner zeit, strohahn jaus und lauel pinke einstmals in anspruch genommen. selbst louis armlong hat einhändig hineingeblasen.

auch von Büchern Manfred Hausmanns, und als Karikaturistin; Kinder sind eines ihrer Vorzugsthemen, und ihr „Florian" behauptet sich von 1966 bis heute in einer grafischen Zeitschriften-Kolumne. Ebenfalls schon 1945 nahm der aus Bremen stammende, seit 1932 frei schaffend tätige Glasmaler und Fotograf Werner Rohde (geb. 1906) am Ort seinen Wohnsitz.
1949 wurde der expressionistische Maler Rudolf Kortokraks (geb. 1928) in Worpswede ansässig, bis er 1953 ganz im Bannkreis von Oskar Kokoschka Lehrer an dessen Salzburger Sommerakademie wurde. In den entscheidenden Nachkriegsjahren lebte auch Richard Oelze (1900-1980), der, stets auf Wanderschaft, schon 1939 in Worpswede war, am Ort, mittellos, bescheiden, fast nicht existierend, stets grüblerisch und langsam malend. Vom Weimarer Bauhaus kommend und vom Pariser Surrealismus geprägt, entwickelte er eine eigene deutsche

klafünff

tanz auf dem dachboden

künstlerfest worpswede

am 5. und 12. februar 1955, 20.30 uhr, hotel „stadt altona"

*

eintritt dm 5,–, künstler dm 3,– · wegen des großen andranges erbitten wir rechtzeitig kartenbestellung unter worpswede 239

*

fahrmöglichkeit mit geheiztem luxusbus: 20.30 uhr ab domshof, 20.35 ab schwachhauser heerstr. Uhlandstr., 20.40 uhr ab st. josephstift · für ankommende wagen bewachter parkplatz

Einladung zu einem großen Worpsweder Künstlerfest 1955, entworfen von Alfred Lichenford.

Variante real-irrealer Malerei und gestaltete die namen- und hoffnungslosen Erwartungen der Menschen von der Natur. Erst durch späte und posthume Ausstellungen wurde die Bedeutung seines im Stillen enstandenen, nicht umfangreichen Werkes stärker gewürdigt.

Um Neuem Geltung zu verschaffen, bildete sich 1955 die „Junge Gruppe Worpswede" und 1986 eine „Werkgemeinschaft Worpsweder Sezession". Nachhaltigere Wirkung und Verjüngung stellte sich erst etwas später durch einige vorwiegend als Grafiker bekannt gewordene Künstler während der 60er Jahre ein. Friedrich Meckseper (geb. 1936) prägte, auf einer Lehre als Feinmechaniker aufbauend und sie umsetzend, seine Handschrift als Grafiker und Maler von Stilleben der technischen Welt aus; in grafischen Koordinatensystemen gestaltete er mathematische, physikalische und technische Objekte als Signale und Probleme unserer Welt. Uwe Häßler

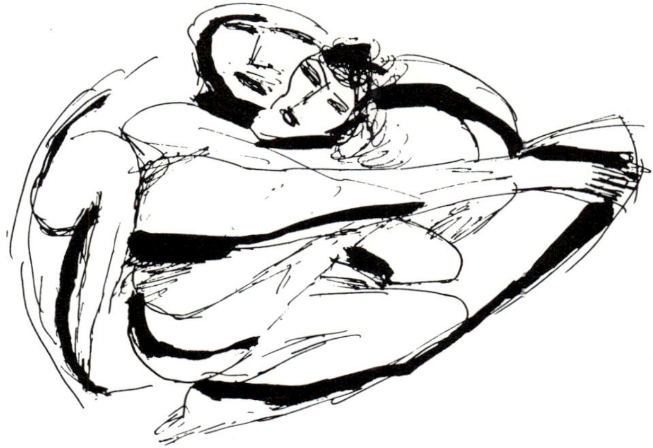

Uwe Häßler: Liebespaar, Tusche, 1987; Illustration aus: Peter Schütt: „Liebesgedichte“, Fischerhude 1987

(geb. 1938) fand seinen Stil in der Verbindung von Realitätsstücken und Strukturen in geschlossenen Kompositionen, die die zeitproblematische Verwendbarkeit und Verfügbarkeit der Dinge deutlich macht; konstitutiv für seinen Stil ist die intensive Bedeutung auch blasser Farben. Jean Pit Morell (geb.1939), auch als Erzähler und Lyriker hervorgetreten, verschmolz Worpsweder Landschaftseindrücke, Traumwelten, bizarre Kreaturen in flächengerechten Gestaltungen, die Urmenschliches ins Phantastische steigerten. Gerd Neuendorf (geb. 1946), auch ein Bremer, verabsolutierte in Stilleben einfachste Gegenständlichkeit. Verwandt erhob auch der im nahen Lilienthal ansässige Thomas Hermsdorf (geb. 1948) in statuarischen Stilleben das Kleine und Alltägliche zum Ding an sich. Schon diese Künstler schlugen ein neues Kapitel der Kunst in Worpswede auf.

Bis heute 1970-1987

Der jüngste Abschnitt der Entwicklung des Künstlerortes begann um 1970. Er ist zwar noch kaum Geschichte, vielmehr Gegenwart, aber einige historische Feststellungen sind doch bereits möglich, allzuerst diese: ohne daß der genaue Zeitpunkt, an dem nach den Jahren der Not und den Jahren des Aufbruchs das begann, was uns heute beschäftigt und besorgt – er wird von späteren Historikern zu bestimmen sein –, feststeht: der Einschnitt war, auch für Worpswede, tiefer, als bisher bewußt werden konnte. Worpswede blieb Künstlerort und in verstärktem Maße Künstlervorort von Bremen. Doch zugleich wandelte sich fast unmerklich und dennoch nachhaltig vieles.
Die Anfänge des Wandels liegen schon in den 50er Jahren, als die Notbewältigung und der Wiederaufbau nach dem Kriege unvermittelt und unvermerkt in ein Wirtschaftswunder hinüberglitten, und dies mit so expansiver Kraft, daß wieder Überkommenes und Liebgewordenes in Gefahr geriet und den Aufschrei nach Bewahrung und Erhaltung, wie er ein halbes Jahrhundert zuvor zur Künstleransiedlung geführt hatte, hervorrief. Wieder kamen die Anstöße aus der Sorge um den Verlust der Natur und die Fortentwicklung des Ortes. 1903 war zum gleichen Zwecke der „Verschönerungsverein" unter maßgeblicher Beteiligung von Künstlern auf den Plan getreten. Er und die Künstlervereinigung erneuerten sich 1954 in der Gemeinschaft der „Freunde Worpswedes". Anlaß der Umbenennung war die beabsichtigte Sandentnahme am Weyerberg, die eine Abtragung des Naturdenkmals bedeutet hätte. Der zum Teil erbittert geführte Kampf um den Weyerberg endete 1959 mit dem Ankauf der Ländereien, auf denen auch Hoetgers Nie-

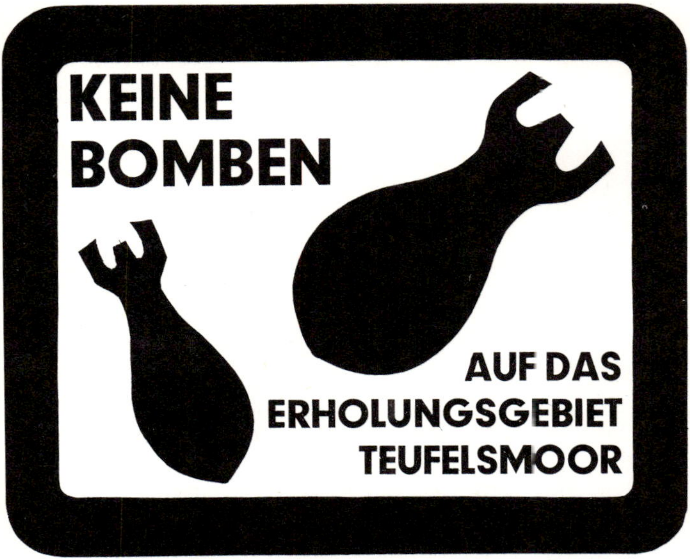

Aufkleber und Plakat der erfolgreichen Protestaktion aus Worpswede 1971/72.

dersachsen-Stein steht, für die neu geschaffene „Stiftung Worpswede" als Besitzerin.

Wenig später wurde während der 60er Jahre ein weiterer Kampf geführt und gewonnen mit der Rettung der Hammeniederung am Teufelsmoor, der die Zersiedelung duch Camping-Anlagen drohte. Es entstand das Naturschutzgebiet „Breite Wasser zwischen Hamme und Beeke". Das als Modell verstandene und vorgelegte „Experiment Worpswede", das 1970 neue Formen des Wohnens verwirklichen wollte, aber keine Verwirklichung fand, kann als Episode der Zeit in Vergessenheit geraten. Doch als 1971 das Teufelsmoor zweites Bombenabwurfgebiet für die NATO werden sollte, fanden sich die „Freunde Worpswedes" wieder aufgerufen. Ihre Aktion, die durch tausende von Unterschriften aus der ganzen Bundesrepublik unterstützt wurde, darf als erste große Bürgerinitiative in Deutschland gelten. Anknüpfend an ihren erfolgreichen Slogan „Keine Bomben aufs Teufelsmoor“, verhinderte die Vereinigung mit dem Slogan „Kein Rummel im Teufelsmoor“ 1973 dann noch ein gigantisches Projekt mit Freizeitzentrum und Freizeitsee.

Wie schon zu Beginn des Jahrhunderts verband sich mit dem Bemühen um die Bewahrung der Natur das Bemühen um die Kultur der „Heimat“, und in diesem Zusammenhang galten nun auch die Zeugnisse der jüngeren Zeit, des Historismus, des Jugendstils, des Expressionismus und der Stilvielfalt der 20er Jahre als erhaltenswert. In Worpswede begann dies mit der Rettung von Heinrich Vogelers total verwahrlostem „Barkenhoff“ und der Einrichtung der „Stiftung Barkenhoff“.

Diese Rettung wäre kaum möglich gewesen, wenn nicht seit 1972 bewußter Rückblick und solide Aufarbeitung der Vergangenheit den Boden bereitet hätten. Eine Serie von Ausstellungen ließ die Worpsweder Vergangenheit wieder aktuell werden. Die Worpsweder Kunsthalle Netzel machte gemeinsam mit dem „Haus im Schluh“ 1972 den Anfang durch die Ausstellung „Heinrich Vogeler 1872-1942“. Es folgten u. a. 1973 die Ausstellungen der Werke Heinrich Vogelers aus der Sowjetunion (Worpsweder Kunsthalle), 1976 die Ausstellung von Paula Modersohn-Becker anläßlich ihres 100. Geburtstages (Bremer Kunsthalle), 1977 die Ausstellung „Bernhard Hoetger“ (Grafisches Kabinett Wolfgang Werner in Bremen), 1978 die Ausstellung „Clara Rilke-Westhoff“ (Galerie Cohrs-Zirus, Worpswede), 1979 die Ausstellung „90 Jahre Worpswede“ (Worpsweder Kunsthalle), 1980 und 1981 die Ausstellung „Worpswede. Eine Künstlerkolonie um 1900“ (Kunsthalle Bremen und Worpsweder Kunsthalle), 1982 die Ausstellung „Bernhard Hoetger“ (Große Kunstschau Worpswede), 1986 die Ausstellung „Worpswede. Eine Deutsche Künstlerkolonie um 1900“ (Künstlerhaus Wien und Forum des Niedersächsischen Landesmuseums Hannover). Die Kataloge zu diesen Ausstellungen und zahlreiche im gleichen Zeitraum erschienene Veröffentlichungen sorgten für längst fällige Aufarbeitung und eine wesentliche Verbesserung des Kenntnisstandes.

Zeitgleich – ob zufällig oder entwicklungsbedingt, das kann vielleicht später entschieden werden – ergab sich mit der Rückbesinnung auf den eigenen Lebensraum und der Auseinandersetzung mit neuer Kunst ein neues Bewußtsein für regionalbezogenes und der Umwelt angepaßtes Bauen. Auch in Worpswede kehrte nach dem rücksichts- und gedankenlosen Optimismus der Wirtschaftswunder-Jahre, der zu zahlreichen Abrissen geführt und nicht mehr als zeitgemäß geltende ältere Gebäude durch protzige Zweckneubauten ersetzt hatte, Besinnung ein. Seit etwa 1970 gewann man wieder Blick für Ensembles und Ortsgesichter und für passende Werkstoffe und griff auch für Zweckbauten auf kleinteilige Bauformen und heimische Werkstoffe, speziell den roten Ziegelstein, zurück, so beim neuen Rathaus und der neuen Post. Man gab sich nostalgisch. Einen Anfang machte der Neubau des „Väterkunde-Museums“ 1971, der den benachbarten Hoetger-Bauten angepaßt wurde. 1980 wurden das Philine-Vogeler-Haus und der von Heinrich Vogeler gestaltete Bahnhof restauriert. 1978-81 wurde die alte Molkerei neu gestaltet und zu einem Begegnungszentrum mit gastronomischen Einrichtungen, Werkstätten und Galerien umfunktioniert. 1981 übernahm der Landkreis Osterholz im Zuge intensivierter Bemühungen um die Kunst in der Region die „Große Kunstschau“. Zuvor schon, 1979, wurde im benachbarten Fischerhude das „Otto-Modersohn-Haus“ geschaffen.

Auch in seiner jüngsten, die Vergangenheit wieder belebenden Phase zog Worpswede Künstler an, und diese

brachten durchaus Neues hervor. Anders als in der Frühzeit sind an erster Stelle nun nicht Maler, sondern Vertreter der plastischen Kunst zu nennen, was Zeiten tiefgreifender Umbrüche immer zu entsprechen scheint. Schon 1954 kam der auf Figuren und Tiere konzentrierte Bildhauer Ulrich Conrad (geb. 1930) nach Worpswede, der 1974 die katholische Kirche am Ort gestaltete. Seit 1973 ist Waldemar Otto (geb. 1929) Professor an der Hochschule für Gestaltung in Bremen und mit Worpswede verbunden; er setzt die Bremer Bildhauer-Tradition fort und gibt mit seinen Torsi und in Flächen und Räumen eingezwängten realistischen Figuren der Befindlichkeit des Menschen in unserer Zeit den Ausdruck der Zerissenheit und der Zwanghaftigkeit.
Bei den Worpsweder Malern und Grafikern findet man heute wie schon seit Beginn des Jahrhunderts, als die Phase der Gründer abgeschlossen war, die unterschiedlichsten Kunstrichtungen vertreten. Wie sehr immer noch und wie verschiedenartig doch die Beeindruckung durch die Landschaft und die Auseinandersetzung mit ihr eine Rolle spielt, zeigt sich am Beispiel zweier Malerinnen, die noch dazu Mutter und Tochter sind. Hildegard Migge-Nagel (geb. 1907), die erst sehr spät zur Malerei kam, kehrte zum ursprünglichen Thema der Worpsweder Maler zurück und läßt in ihren Aquarellen Stimmungen entstehen, die vielfältig sind, aber immer etwas Romantisches und Undurchdringliches haben. Frauke Migge (geb. 1941), die 1977 von Bremen nach Worpswede übersiedelte, findet, ausgehend von Landschaften, neue Wirklichkeiten, die sie durch Klarheit, Schärfe sowie durch Bildzitate und Bild-im-Bild-Kompositionen zu Überwirklichkeiten macht, um die Zeitprobleme der Menschen und der Umwelt zu visualisieren.
Viel Neues brachten die letzten eineinhalb Jahrzehnte des ersten Worpsweder Jahrhunderts durch das Projekt

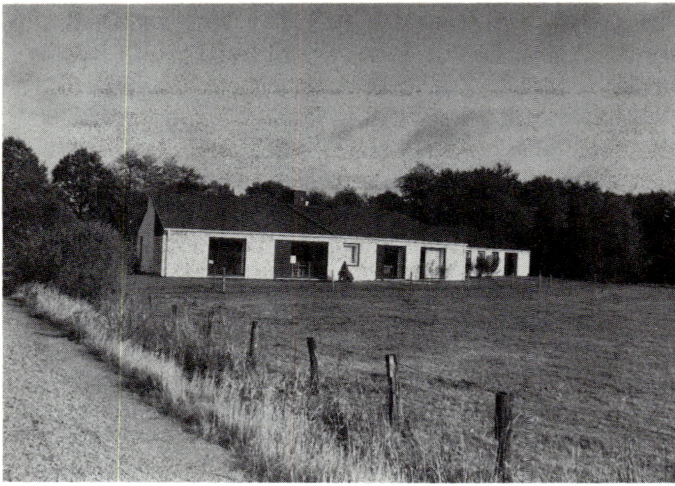

Atelierhäuser in den Hammewiesen – Teil des 1972 begonnenen Projekts „Atelierhaus Worpswede".

„Atelierhaus Worpswede". Pläne, für Künstler Wohn- und Arbeitsräume zu schaffen, wurden seit 1949 gemacht, als Künstler, die durch den Krieg ihre Heimat verloren hatten, ihre neue Heimat im Künstlerort Worpswede gesucht und zum Teil auch schon, meist in sehr beengten Verhältnissen, gefunden hatten. Martin Kausche, der in seiner Heimatstadt Stettin durch eine Lesung von Manfred Hausmann von Worpswede angezogen worden war und dann 1945 hier als Vertriebener aus Pommern die Schwierigkeiten durchlebte, als Künstler eine Bleibe zu finden, wurde zum Initiator und nach vielen Jahren vorbereitender Bemühungen 1965 zum Gründer und ersten Vorsitzenden des Vereins „Atelierhaus Worpswede.". Bald nach der Gründung gelang dem Verein der Erwerb eines Grundstücks am Südhang des Weyerbergs und 1971 die Fertigstellung des ersten Atelierhauses. 1969 schon wurde eine Werkstatt für Ra-

dierung eingerichtet, die 1975 durch eine Druckwerkstatt für Lithographie erweitert wurde und sich heute mit der sechsten Atelierhaus-Wohnung in einem alten Gebäude des Ortskerns befindet, das nacheinander Bäkkerei, Poststation und bis 1973 Sitz der Gemeindeverwaltung war. Seit 1978 stehen in mehreren Gebäuden sechs komplette, neuesten Vorstellungen entsprechend eingerichtete Wohnateliers zur Verfügung.
Mit Werkstatt- und Wohnstipendium waren von 1972 bis 1985 120 Künstler zu Gast, und es waren durch sie alle Künste, nicht nur die bildenden, sondern auch Literatur und Musik, alle Stilrichtungen, alle Altersstufen von 22 bis 73 Jahre und alle Kontinente der Welt vertreten. Wie immer in Worpswede waren unter ihnen viele Künstler mit Doppelbegabung. Obwohl aufgrund der Vergangenheit und Tradition ein Vorurteil gegen den Worpsweder „Naturlyrismus" (so Ernst Wilhelm Nay 1954) bestand, wurden doch wieder Künstler von der Landschaft beeindruckt und zu Gestaltungen mit spezifischem Ausdruck angeregt. Beispielhaft dafür sind, gerade wegen ihres total gegensätzlichen Stils und ihres großen Altersunterschiedes, zwei Künstler: Hellmuth Rieck aus Ulm (geb. 1952), der 1982/1983, und der Japaner Matsuji Mori (geb. 1908), der 1981 Ateliergast in Worpswede war.
Worpswede lebt als Künstlerort aus seiner Tradition, mit seiner Tradition und in seiner Gegenwart, die vom Fremdenverkehr, von Kunst- und Antiquitätenhandel ebenso bestimmt wird wie von Galerien, Werkstätten und Ateliers. Es leben und arbeiten am Ort Maler, Grafiker, Bildhauer, Fotografen und Kunsthandwerker aller Richtungen und Techniken sowie Schriftsteller und Musiker. Ihre Leistungen werden, wenn auch dieser Rückblick auf die ersten 100 Jahre schon Vergangenheit sein wird, über die Zukunft des Künstlerortes entscheiden.

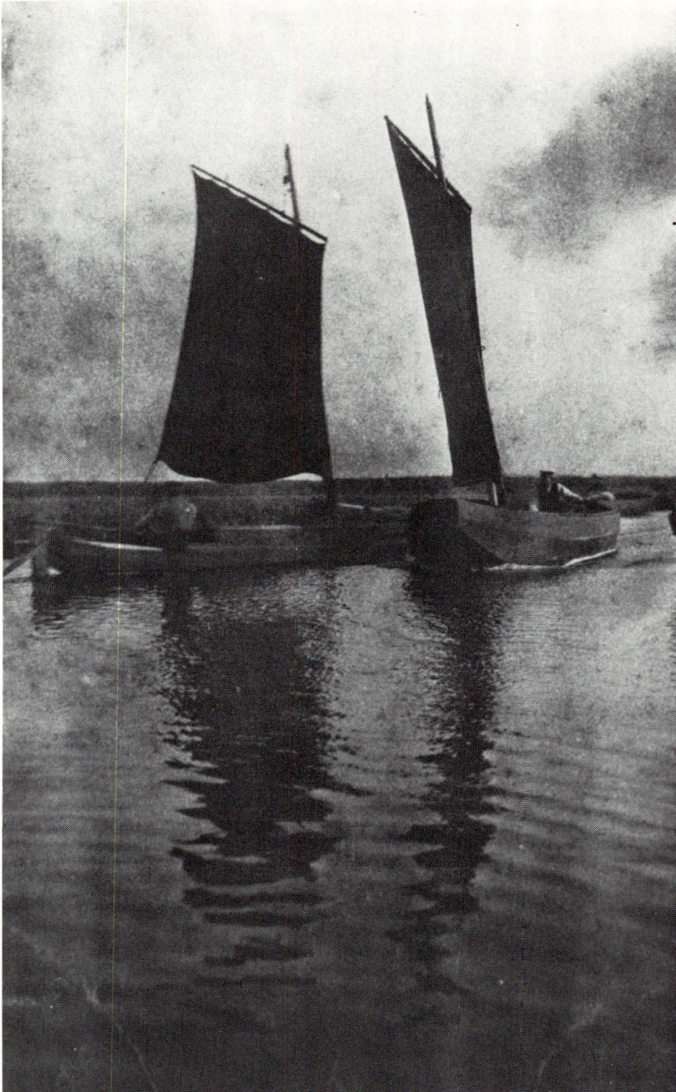

BILDTEIL

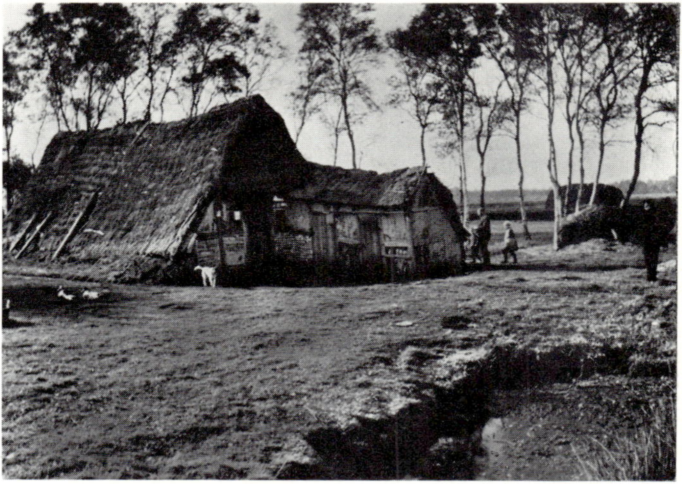

In dürftigen Bauernkaten hausten die Kolonisten und Siedler am Teufelsmoor, deren Leben von dem mühsamen Graben und Verschiffen des Torfs bestimmt war, als die ersten Maler ins Land kamen.

Torfkähne auf der Hamme. Auf diesen flachen Eichenholzbooten, deren charakteristische Luggersegel ein beliebtes Motiv der Worpsweder Maler waren, wurde der einzige Bodenschatz des Teufelsmoors nach Bremen und in die Weserhäfen gebracht. Fortbewegt wurden die Kähne nicht nur durch die Segel, sondern vor allem durch Rudern, Staken, Wriggen, Schieben und Treideln von Land.

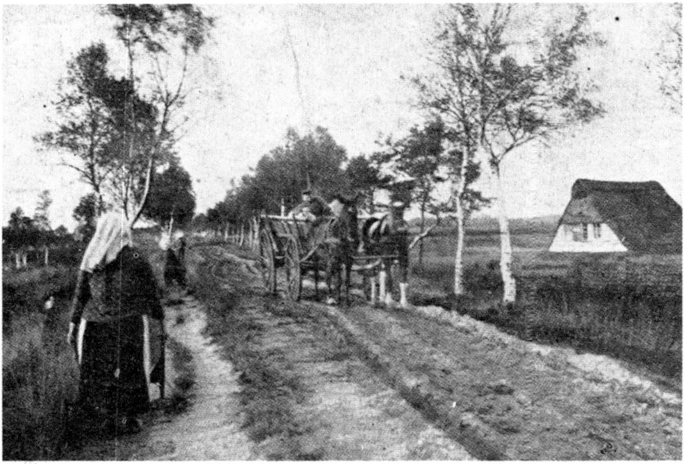

Alltagsszene am Weg durchs Moor, der eines der vielen malerischen Motive für die Künstler wurde, um 1900.

Hochzeitstafel im Moor, Bildpostkarte, vom Worpsweder Verleger Friedrich Netzel bereits im Hinblick auf den sich entwickelnden Tourismus hergestellt, kurz nach 1900.

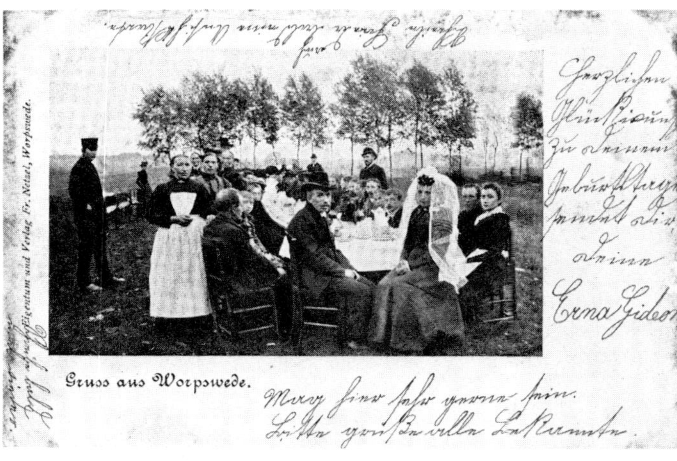

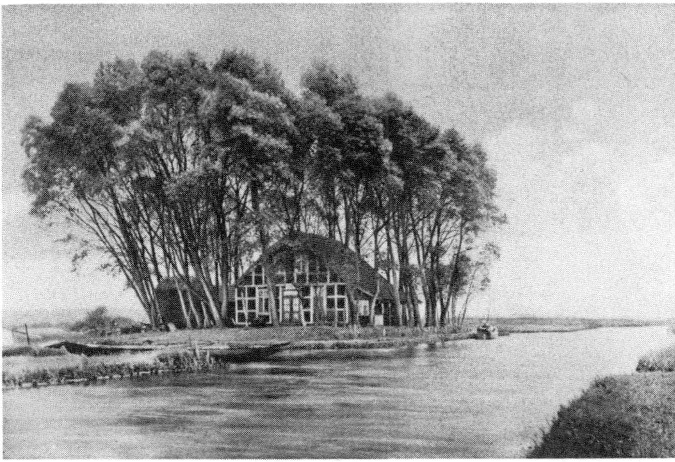

„Neu-Helgoland“, das Ausflugslokal an der Hamme, war immer Anleger für die Boote, die vom Teufelsmoor auf dem Wasserweg über die Lesum in die Weser und nach Bremen fuhren.
Bildpostkarte um 1910.

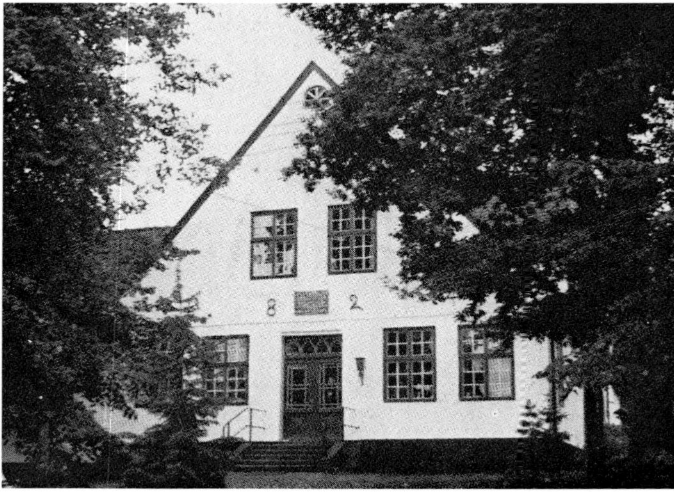

Haus des Kaufmanns und Ortsvorstehers Stolte, dessen Tochter Fritz Mackensen zu seinem ersten Aufenthalt in Worpswede einlud.

„Am Straßentor" – das älteste Gebäude von Worpswede, die „Slotschün (Schloßscheune)"; Bildpostkarte um 1905. Die „Slotschün" wurde 1933/34 von den Worpsweder Künstlern als Heim und Treffpunkt im altniederdeutschen Stil erneuert, aber wenige Jahre später im Zuge des Straßenbaues abgerissen.

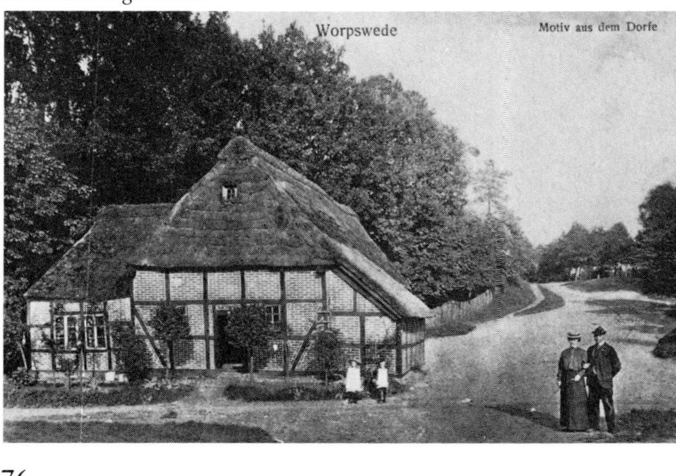

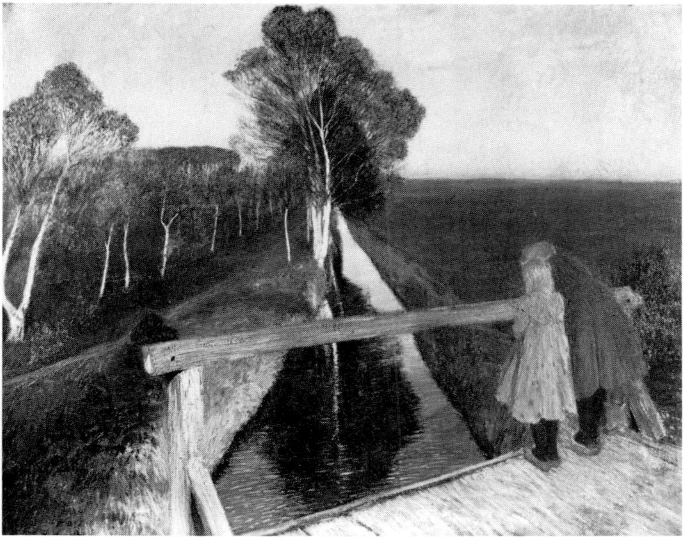

Fritz Mackensen, „An der Bergedorfer Brücke", Ölgemälde 1895. An dieser Stelle beschlossen die Künstler 1889, den ganzen Winter über in Worpswede zu bleiben.

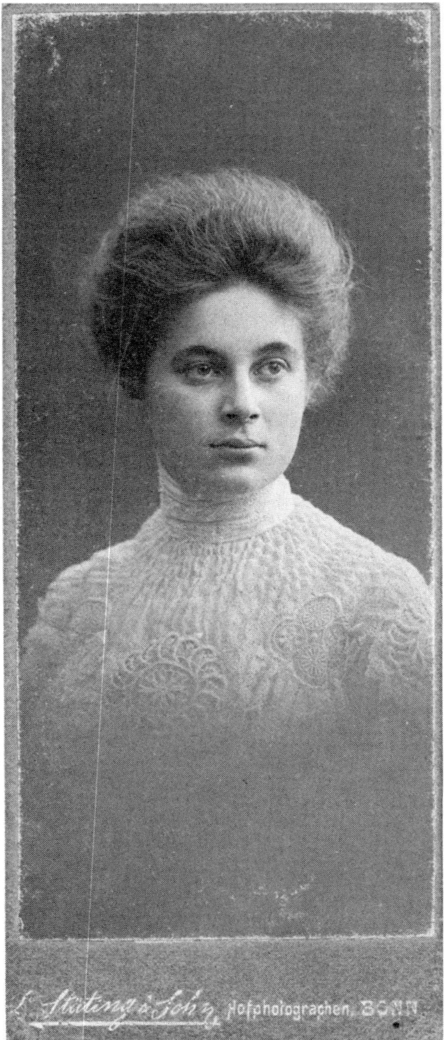

Hertha Stahlschmidt (1884 – 1949), eine der Schülerinnen von Fritz Mackensen, die 1907 seine Frau wurde und ihre künstlerischen Fähigkeiten der Ehe opferte.

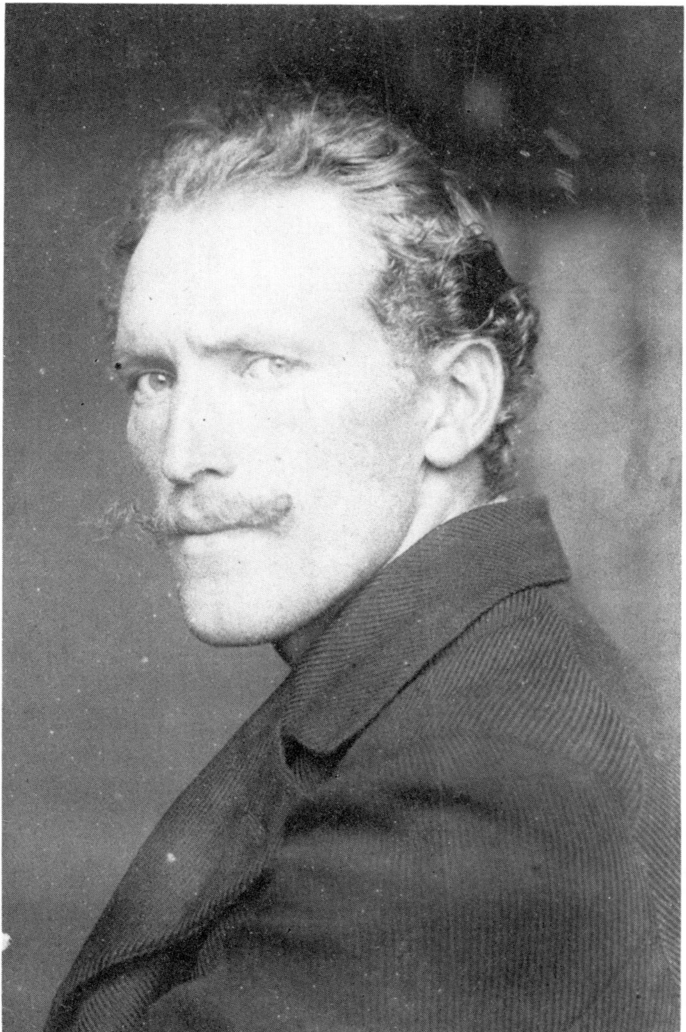

Fritz Mackensen zur Zeit seiner großen Erfolge vor dem Ersten Weltkrieg.

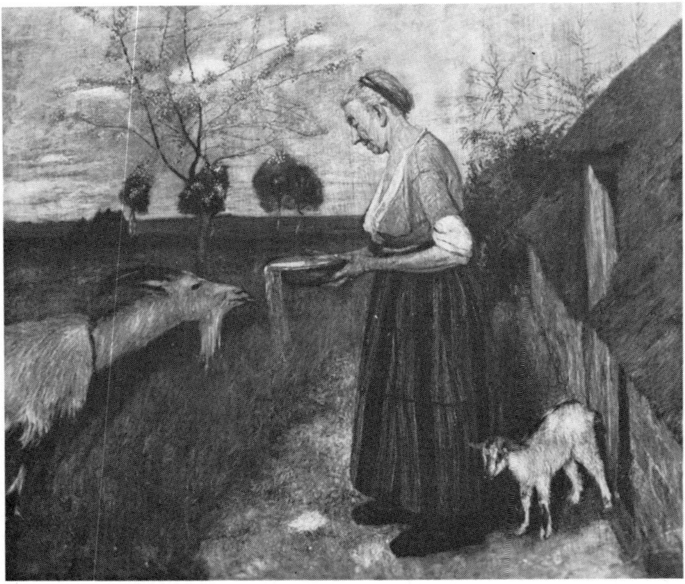

Fritz Mackensen: Alte Frau mit Ziege (Frühlingssonne) 1895. Das Motiv wurde von dem Künstler wegen der elementaren Verbundenheit des Menschen mit der Natur mehrfach gestaltet, auch in einer seiner ganz wenigen Plastiken (rechte Seite), die ihn als begabten Bildhauer ausweisen.

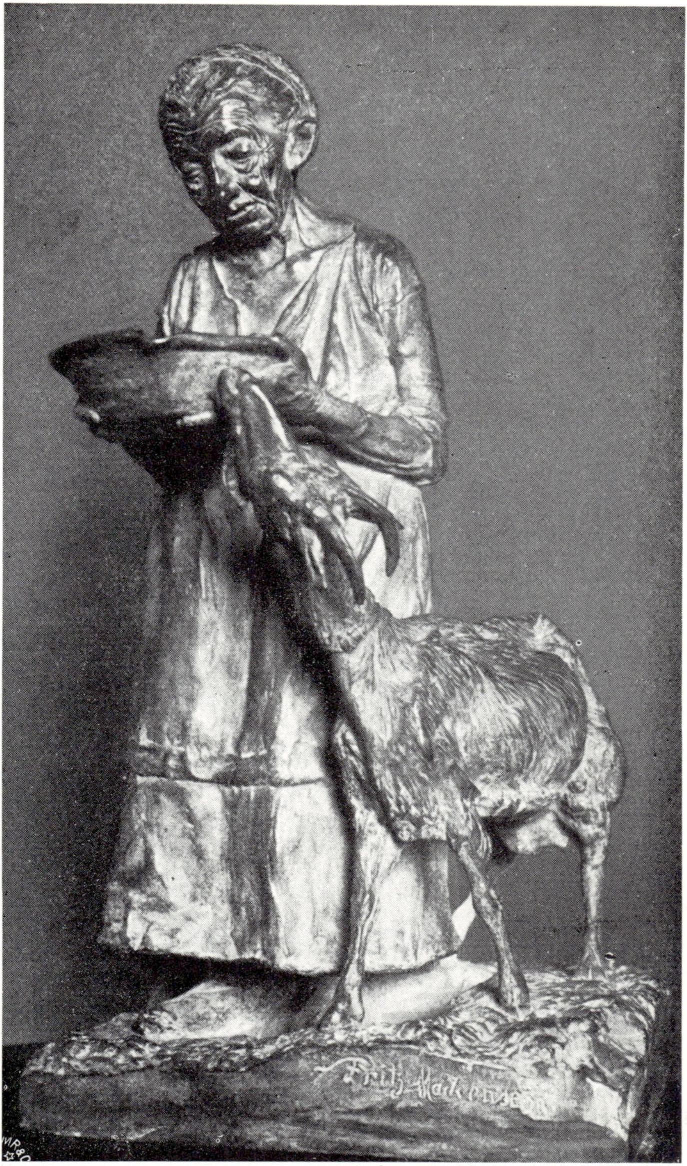

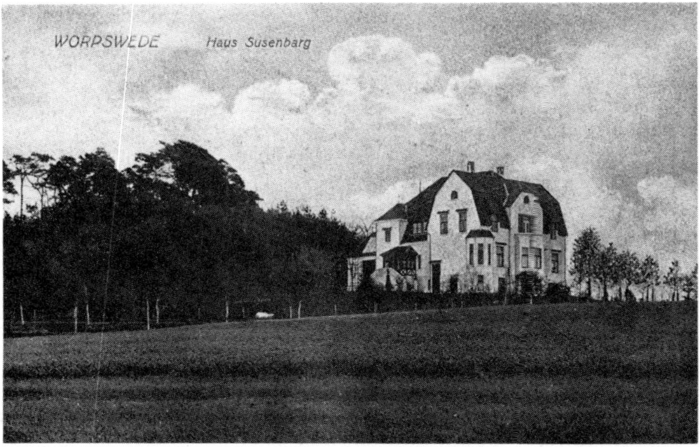

Haus Susenbarg, die stattliche Künstlervilla, die sich Fritz Mackensen von 1900 bis 1904 unterhalb des Weyerberges mitten in der freien Landschaft bauen ließ.

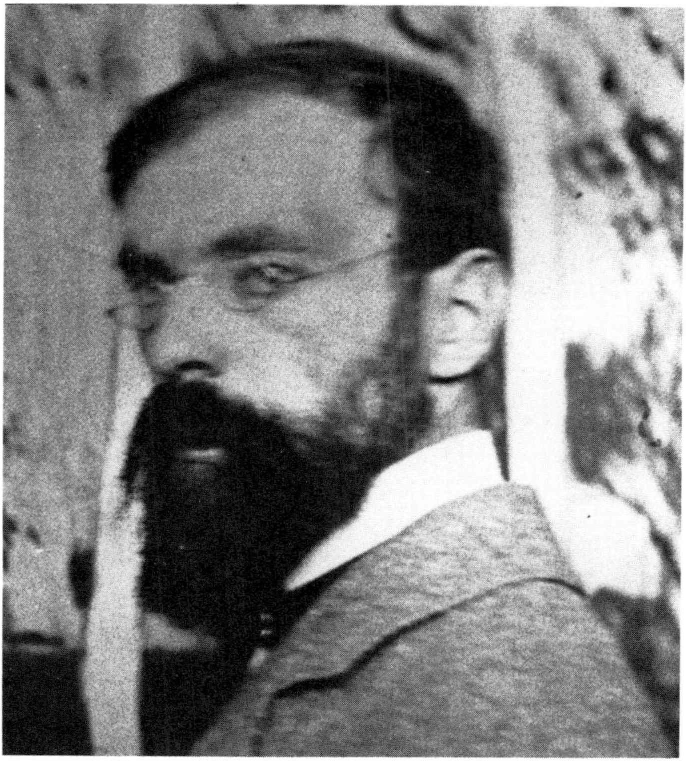

Otto Modersohn in seiner frühen Worpsweder Zeit.

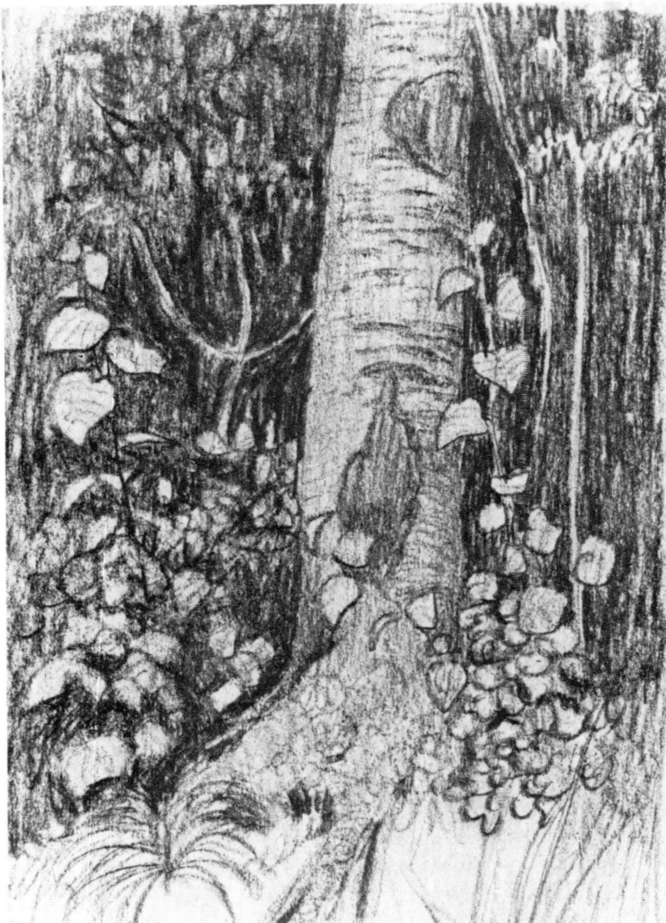

Otto Modersohn: Baumstudie, Kohlezeichnung um 1900

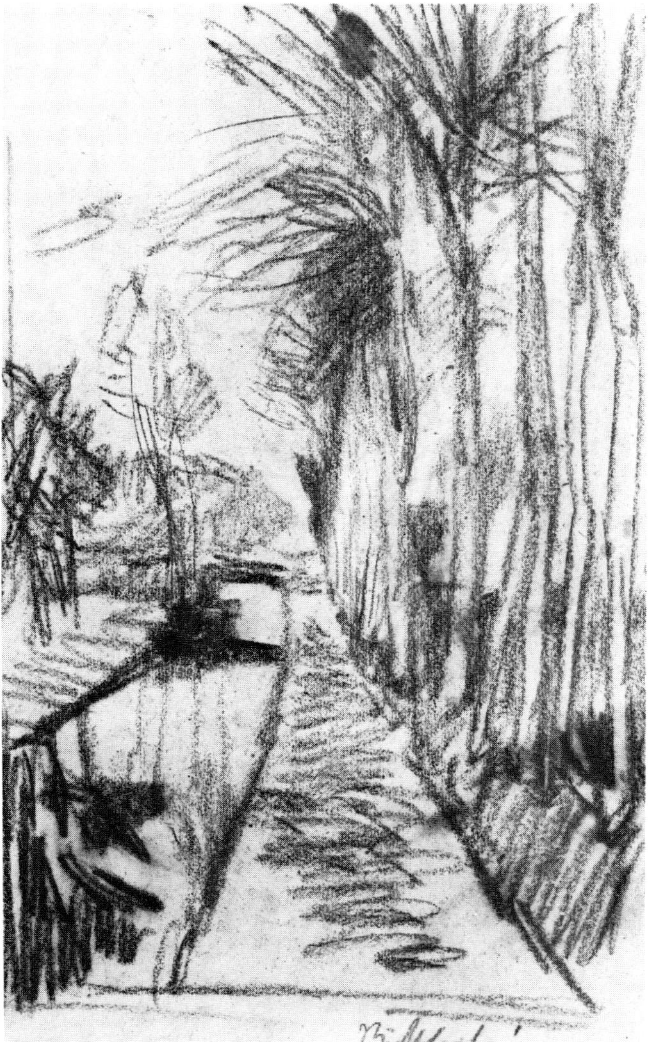

Otto Modersohn: Moorkanal, Studie, Kohlezeichnung um 1900.

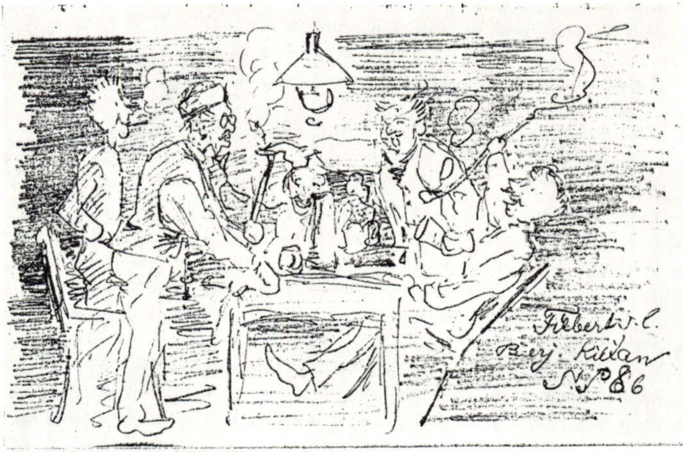

Karl Krummacher: Sitzung der Düsseldorfer Studentenrunde „Tartarus“, Zeichnung im Skizzenbuch seines Freundes Otto Modersohn, Düsseldorf 1886.

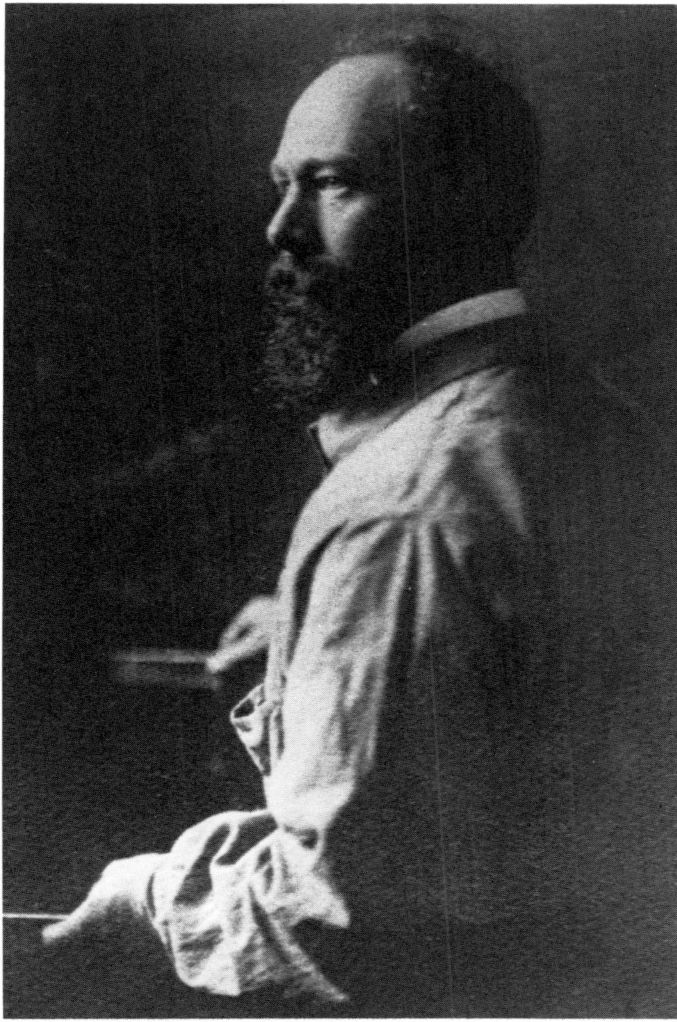

Hans am Ende kurz vor der Jahrhundertwende

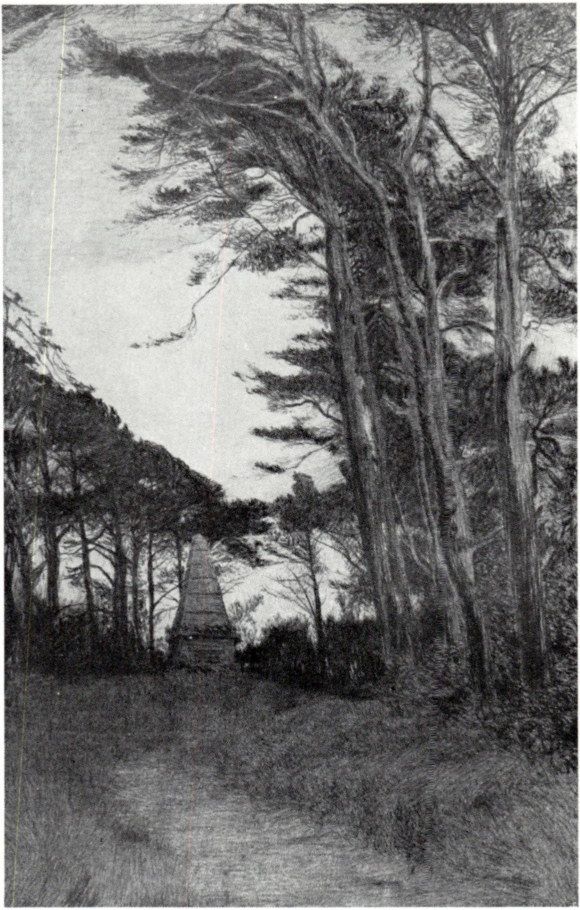

Hans am Ende: Der Föhrenhain, Kohlezeichnung um 1900. Im Hintergrund ist das Denkmal für den Kolonisator des Moores, Jürgen Christian Findorff (1720-1742) sichtbar, ursprünglich war es aus Holz, nachdem es abbrannte, wurde es in Stein neu ausgeführt.

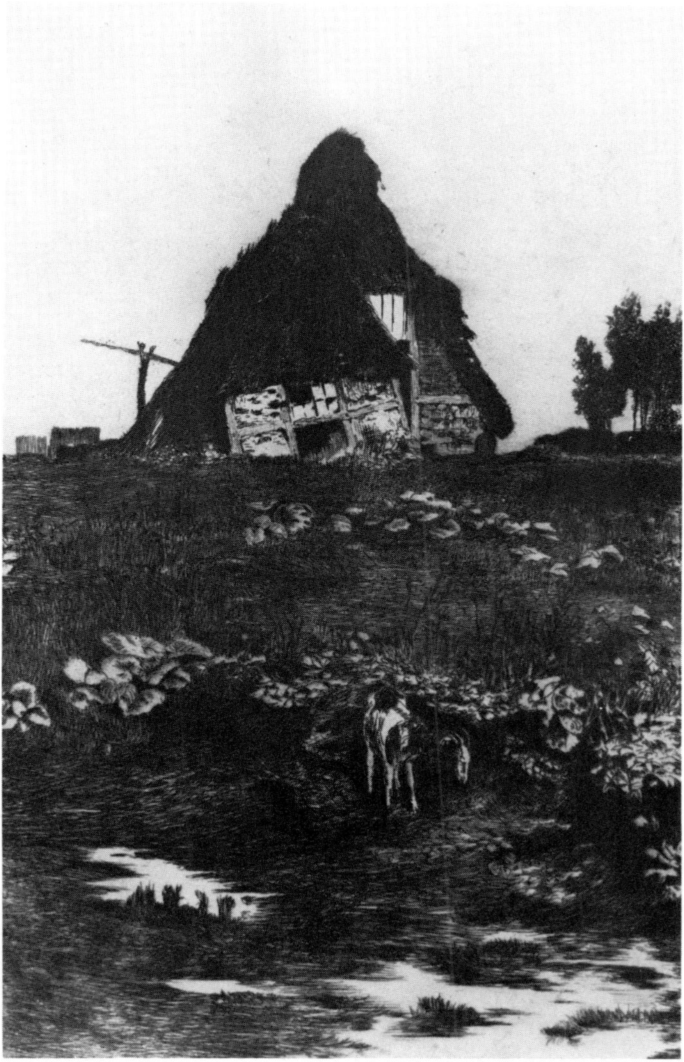
Hans am Ende: Moorkate, Radierung um 1895.

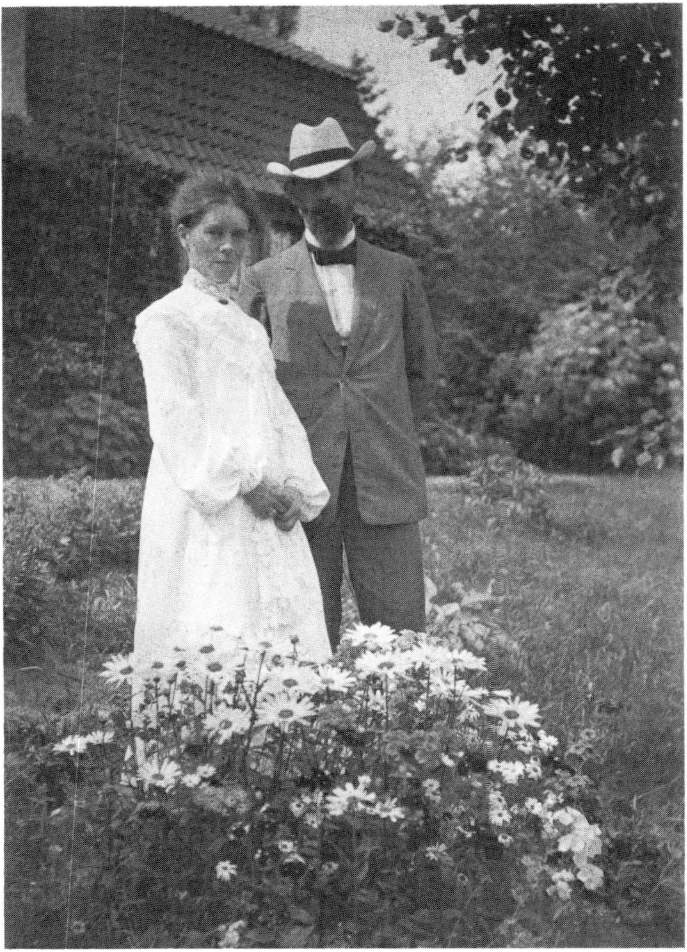

Hans am Ende mit seiner Frau Magda, geb. Willatzen, vor seinem 1895 neben Heinrich Vogelers „Barkenhoff" erbauten Haus um 1905.

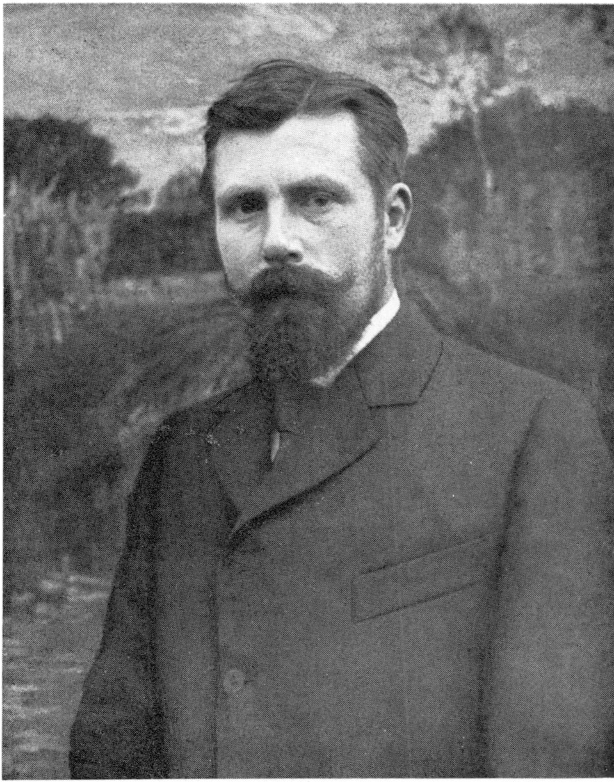

Fritz Overbeck kurz vor der Jahrhundertwende.

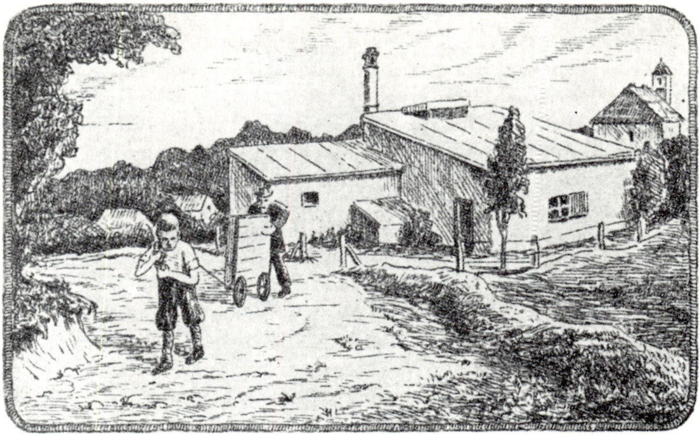

Friedrich Overbeck: Atelier seines Vaters Fritz Overbeck mit der Worpsweder Kirche im Hintergrund, Radierung um 1945.

Fritz Overbeck: Blick auf Worpswede und Windmühle, Radierung, um 1890.

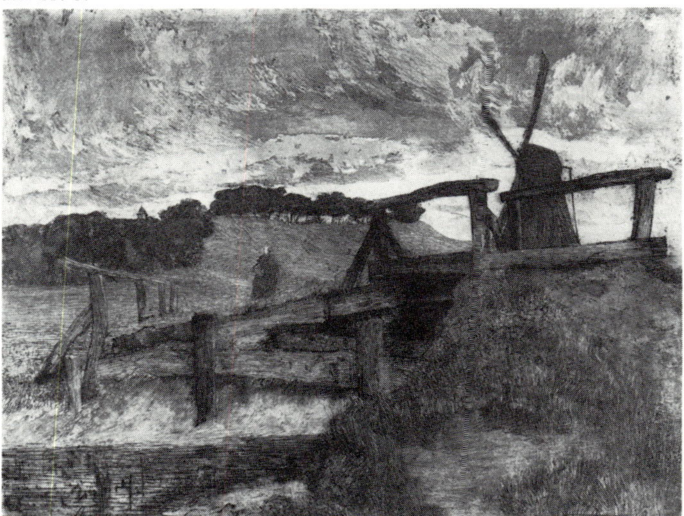

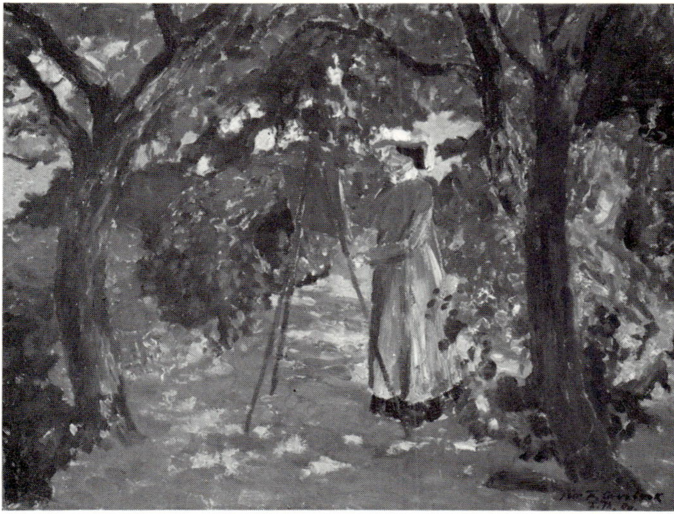

Fritz Overbeck: Malerin in der Natur, Ölgemälde.

Fritz Overbeck: Bauernhaus

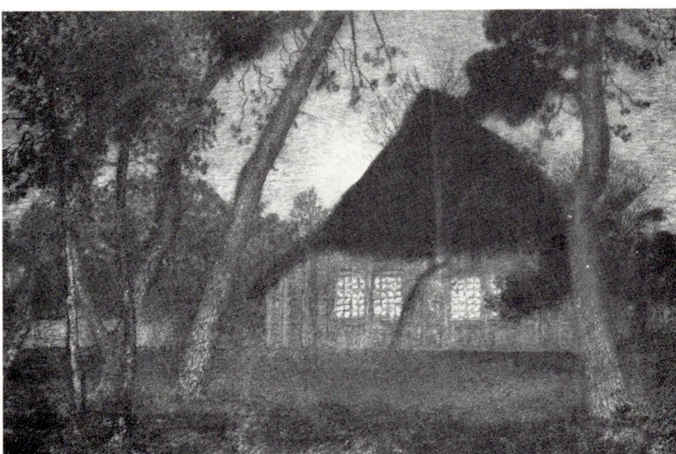

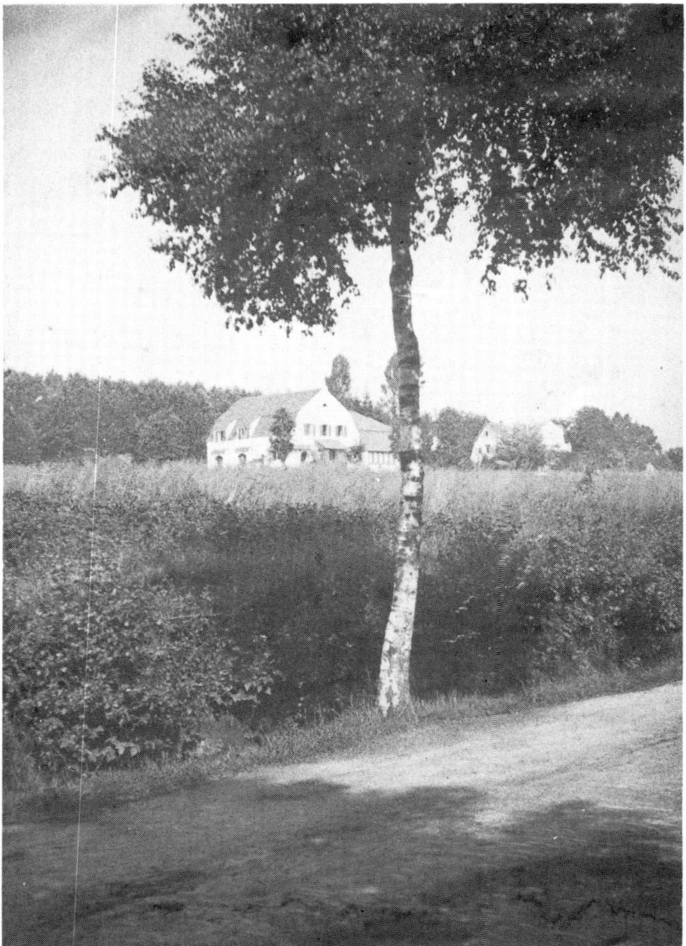

Zwei von Heinrich Vogeler gestaltete Künstlersitze oberhalb der Ostendorfer Landstraße, links das Haus von Hans am Ende, rechts dahinter Vogelers „Barkenhoff", Foto um 1902.

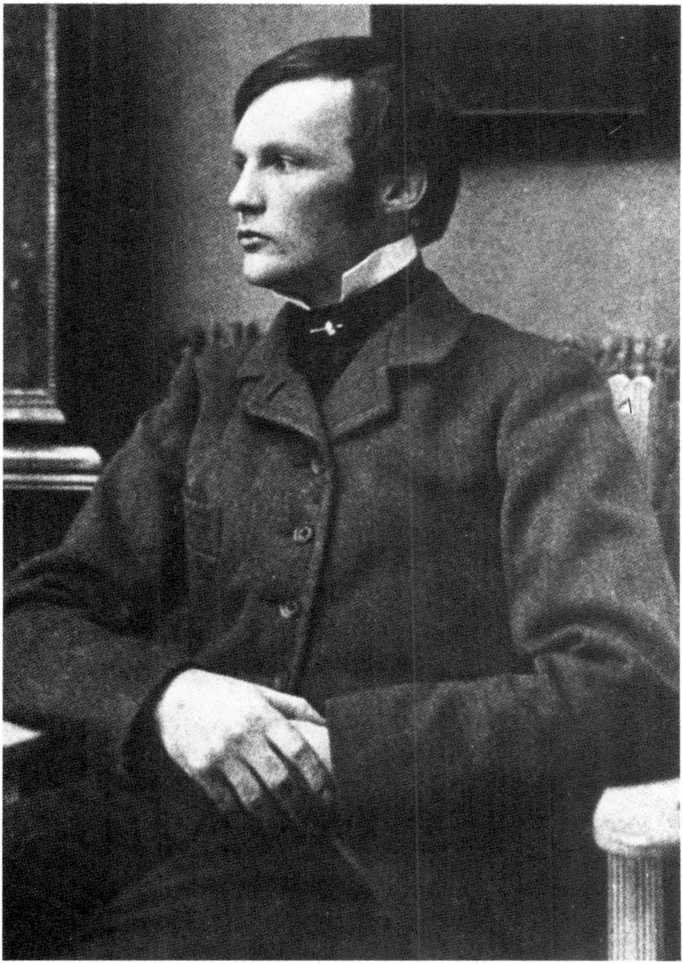

Heinrich Vogeler um 1900.

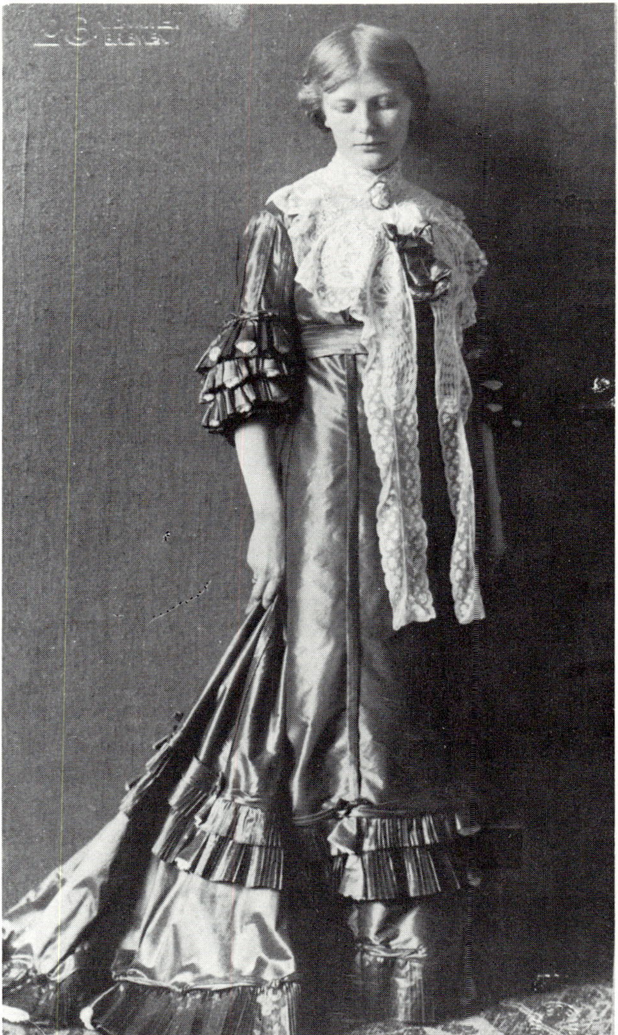

Martha Vogeler, geb. Schröder, im Festkleid um 1902.

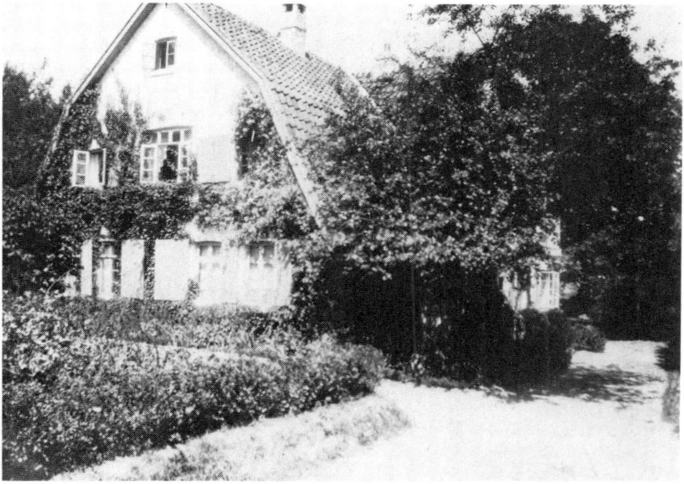

Heinrich Vogelers „Barkenhoff", oberhalb der Straße nach Bremen, 1895 von ihm als abgängige Kate erworben und zum romantischen Künstlersitz ausgebaut, von 1899 bis zur Ehekrise 1910 Zentrum der Musen in Worpswede. Um 1902.

Heinrich und Martha Vogeler auf dem „Barkenhoff", um 1902.

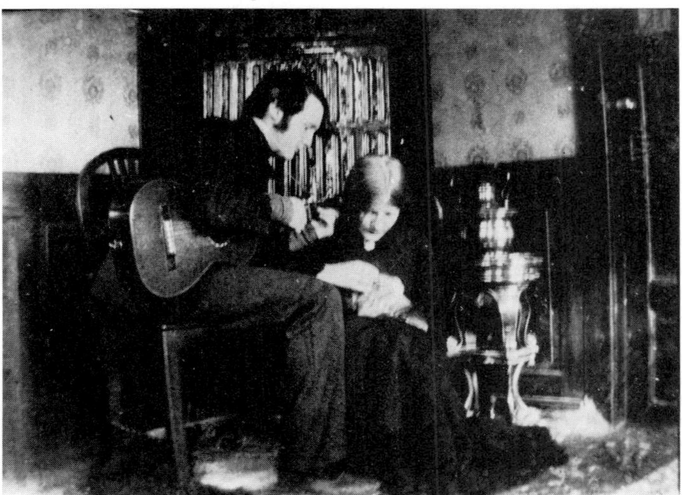

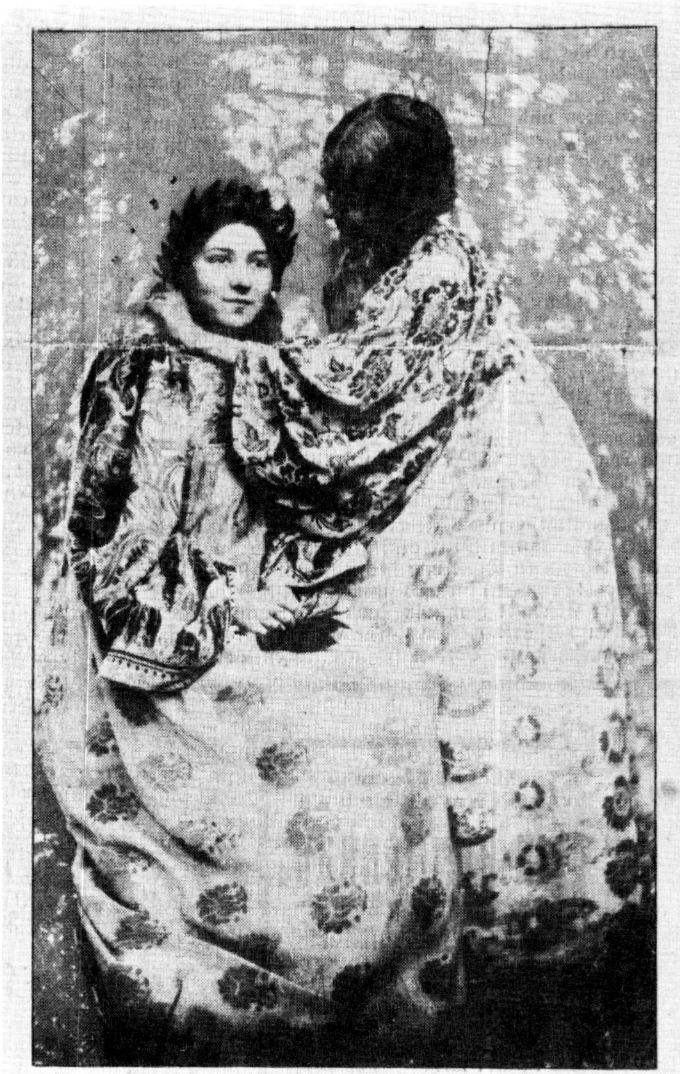

Martha Welzel und Martha Schröder (spätere Frau Heinrich Vogelers), die „Worpsweder Ehrenjungfrauen", schmücken sich zum Empfang von Hermann Allmers in Worpswede, August 1894.

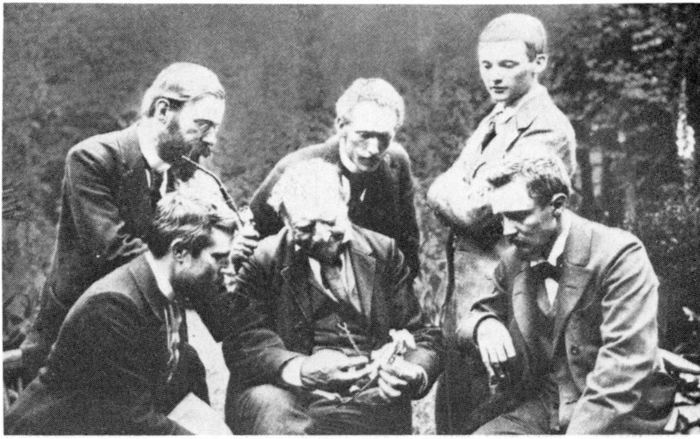

Hermann Allmers im Kreise der Worpsweder Künstler
v.l.n.r. (sitzend) Fritz Overbeck und Hans Müller-Brauel, (stehend) Otto Modersohn, Fritz Mackensen und Heinrich Vogeler.

Hermann Allmers mit den Worpsweder Malern auf dem Gut von Carl Vinnen in Osterndorf.

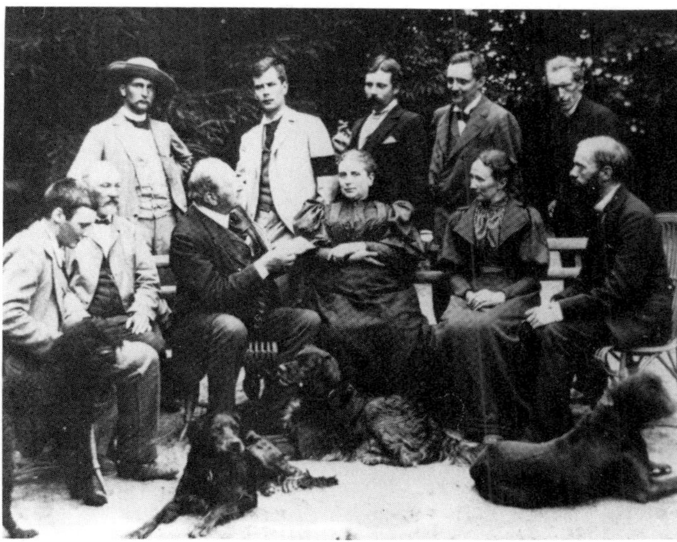

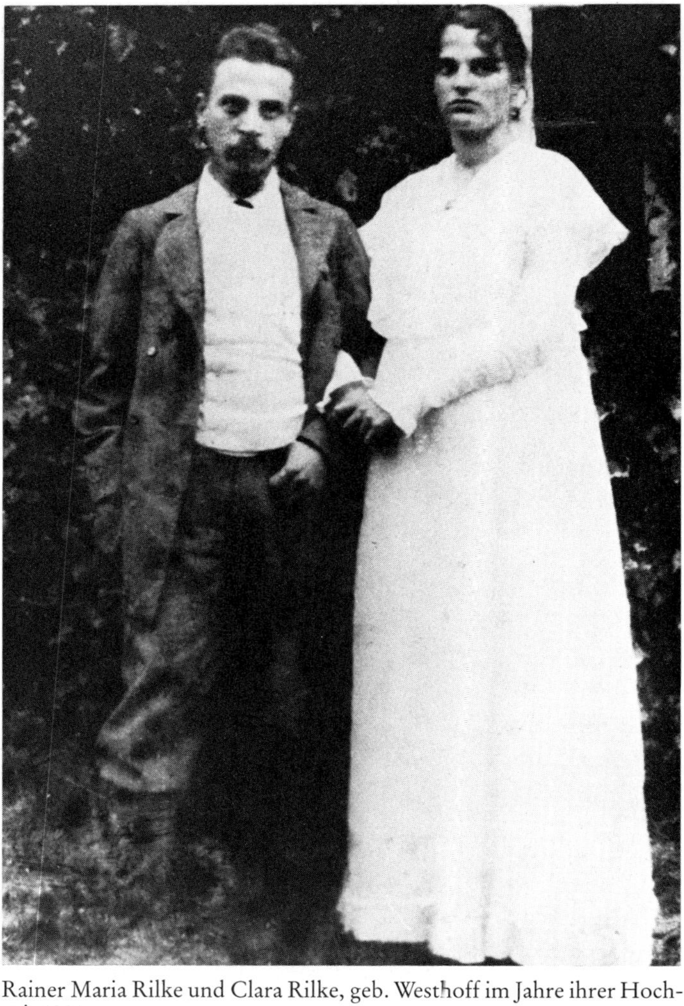

Rainer Maria Rilke und Clara Rilke, geb. Westhoff im Jahre ihrer Hochzeit 1901.

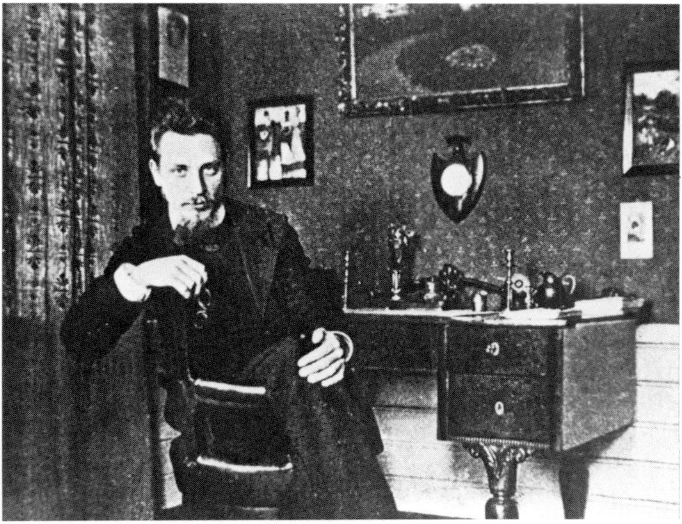

Rainer Maria Rilke in seinem Arbeitszimmer in Westerwede um 1902.

„Liebesleben in der Natur", Ölgemälde, gemeinschaftlich von Paula und Otto Modersohn, Martha und Heinrich Vogeler 1905 gemalt.

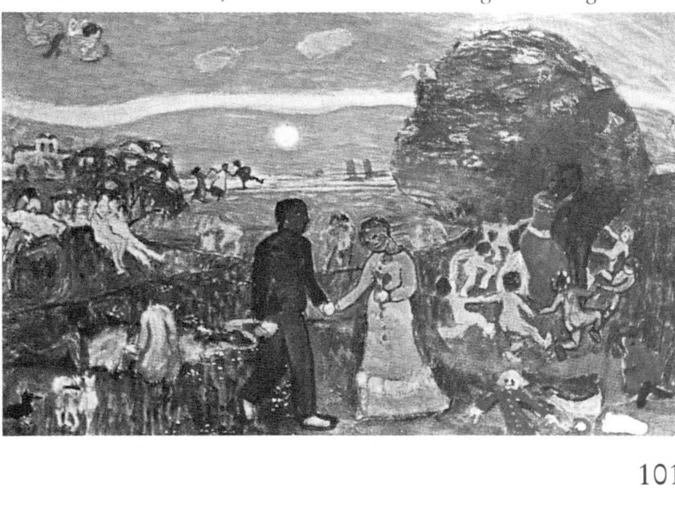

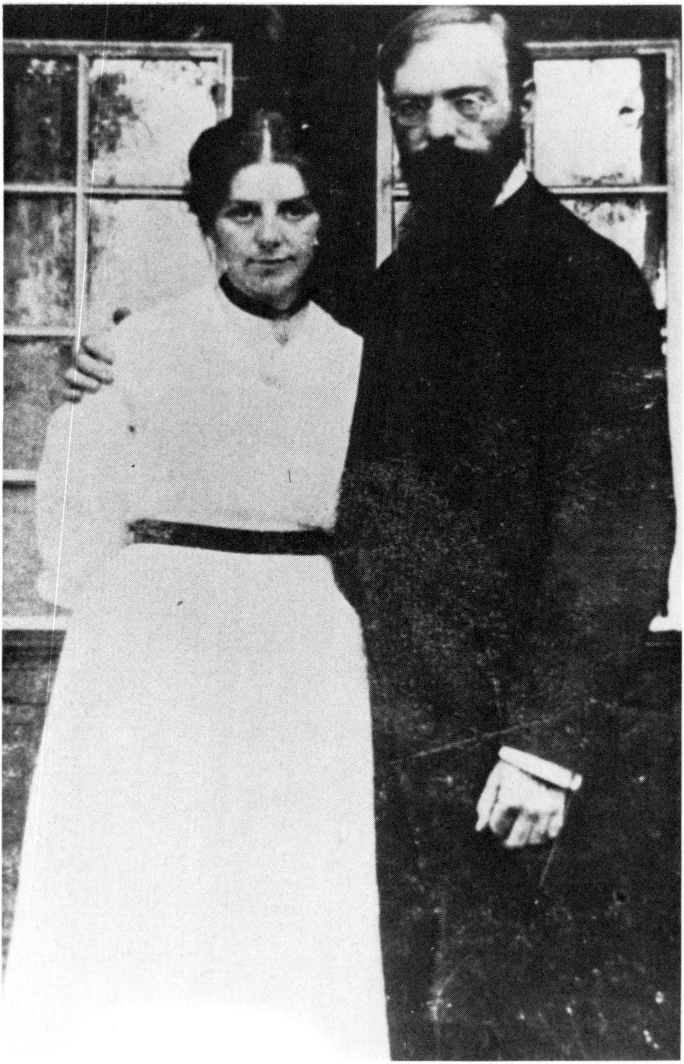

Otto Modersohn und Paula Modersohn-Becker im Jahre ihrer Hochzeit 1901.

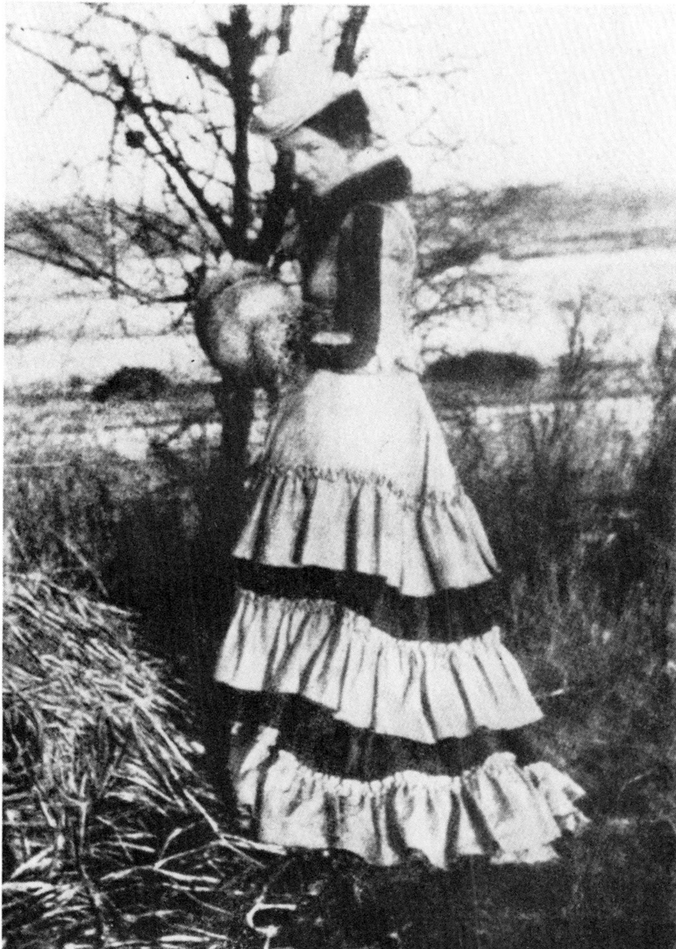

Paula Becker in ihrer ersten Worpsweder Zeit als Malschülerin („Malweibchen“).

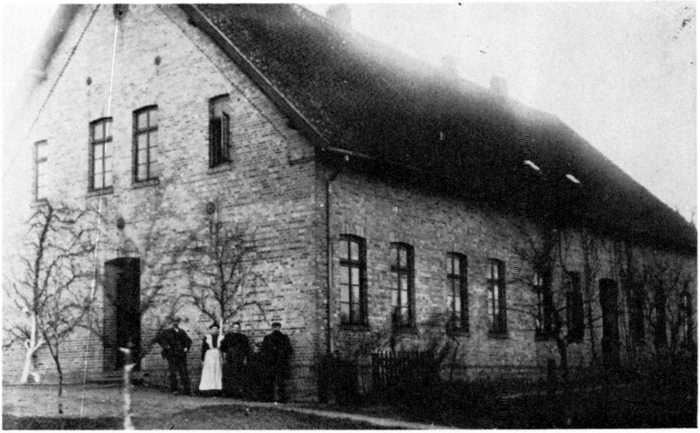

Das Worpsweder Armenhaus, in dem Paula Modersohn-Becker ihre Modelle fand; es lag gegenüber von ihrem Wohnhaus.

Bernhard Hoetger: Grabmal für Paula Modersohn-Becker auf dem Worpsweder Friedhof, 1909 geschaffen, als „Auferstehung" in dem Platanenhain auf der Darmstädter Mathildenhöhe (1910–1914) aufgestellt und später für Worpswede wiederholt.

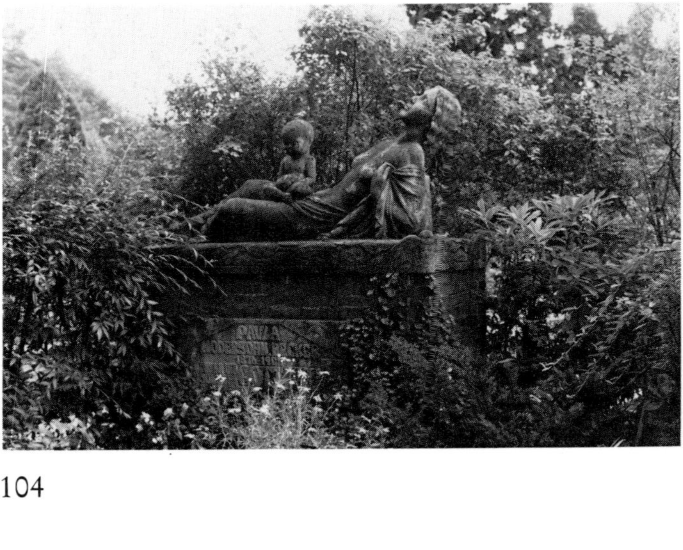

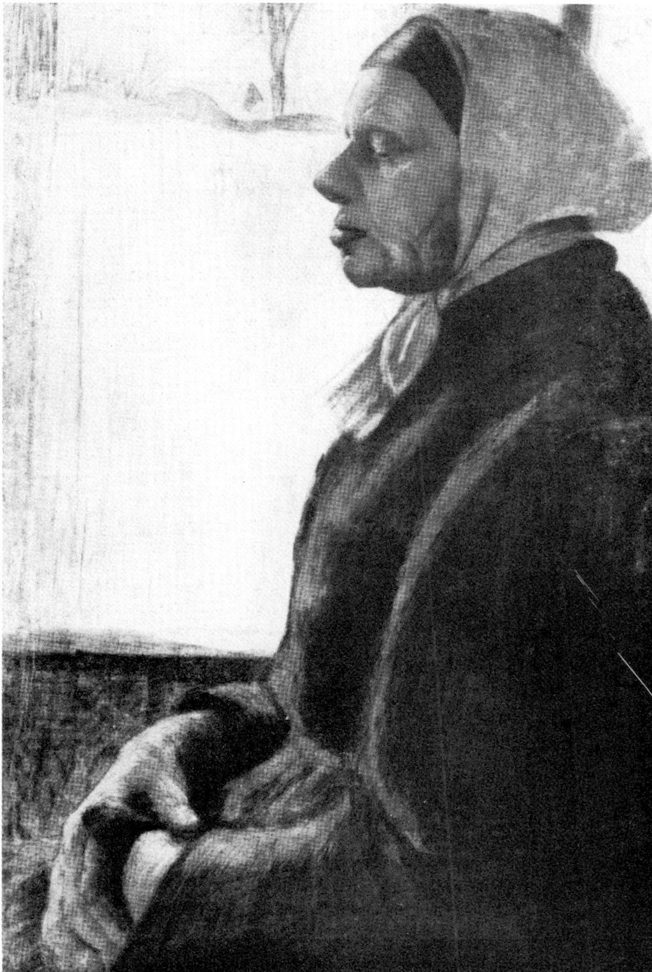

Paula Modersohn-Becker: Sitzende Alte, um 1899.

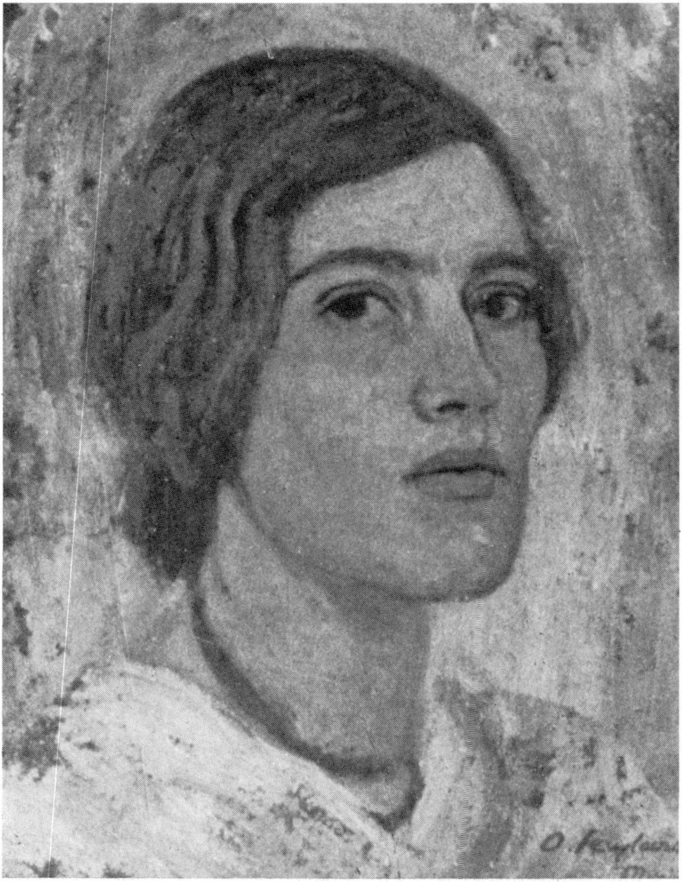

Ottilie Reyländer (in Worpswede 1898–1910): Selbstbildnis, Zeichnung kurz nach 1900.

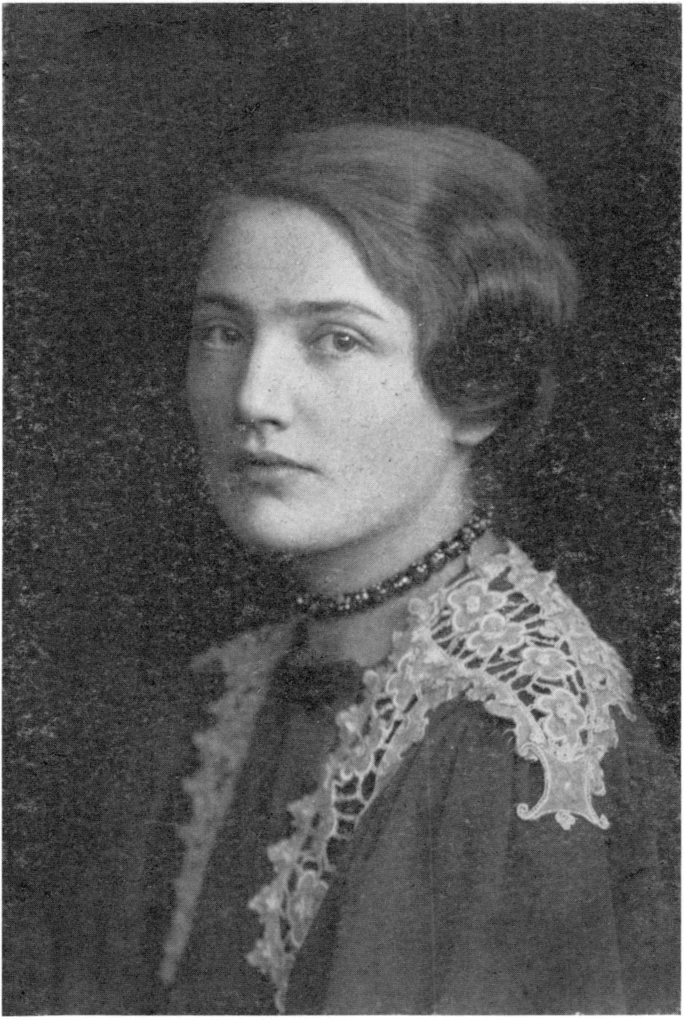

Ottilie Reyländer, Fritz Mackensens jüngste und wohl begabteste Schülerin 1900.

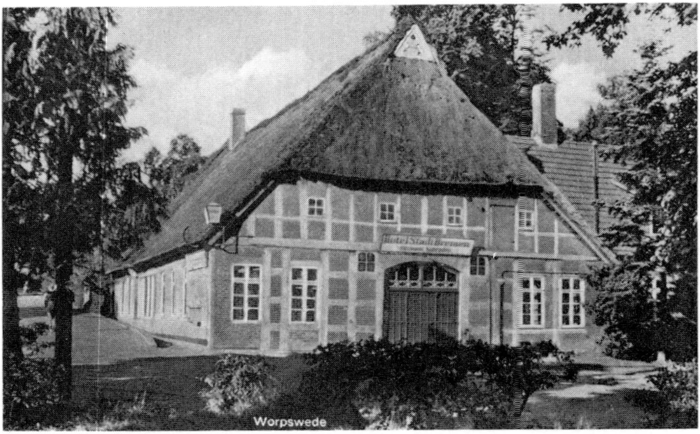

„Hotel Welzel", heute „Hotel Stadt Bremen", war wohl der wichtigste Treffpunkt der Worpsweder, zumal es einen Saal hat, in dem häufig Gelegenheit zum Tanz war.

Gaststube im „Hotel Welzel", von Heinrich Vogeler gestaltet und bis heute so erhalten. Bildpostkarte um 1910.

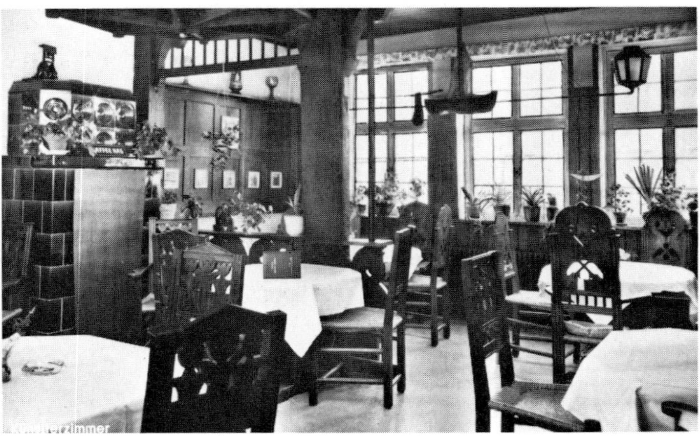

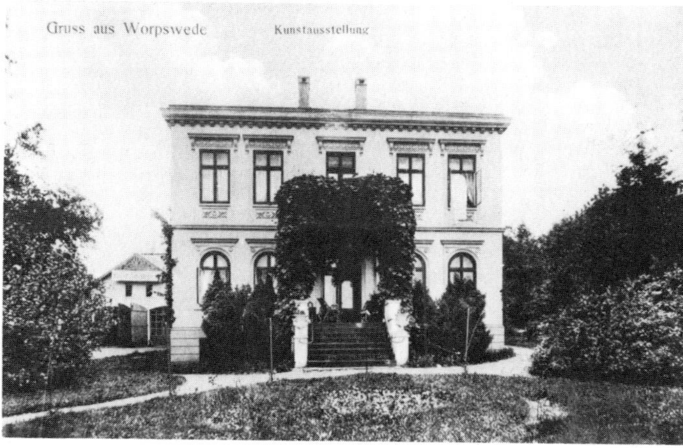

Haus von Johann Monsees, erbaut 1875/76, seit 1983 Galerie Cohrs-Zirus. 1905 wurde es von Heinrich Vogelers Bruder Franz, dem Mitbegründer der Worpsweder Werkstätten, und dessen Frau Philine bezogen, die im linken Nebengebäude – siehe Bild unten – ihre erste Kunstgalerie in Worpswede betrieb. Foto um 1905.

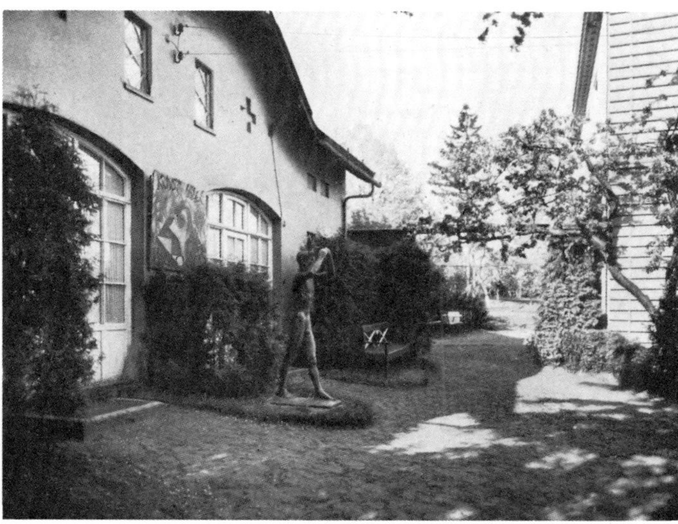

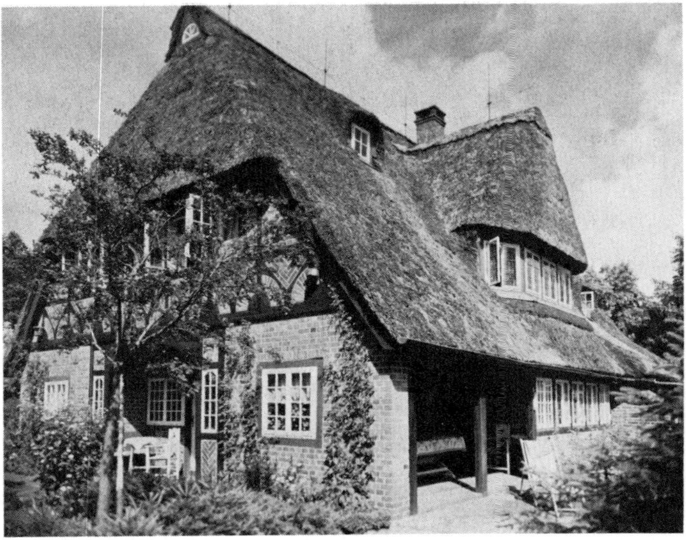

Eines der Worpsweder Künstlerhäuser, von 1928 bis zu seinem Tode 1950 lebte hier der Bremer Pädagoge Wilhelm Scharrelmann als freier Schriftsteller auf seinem „Tannenhof".

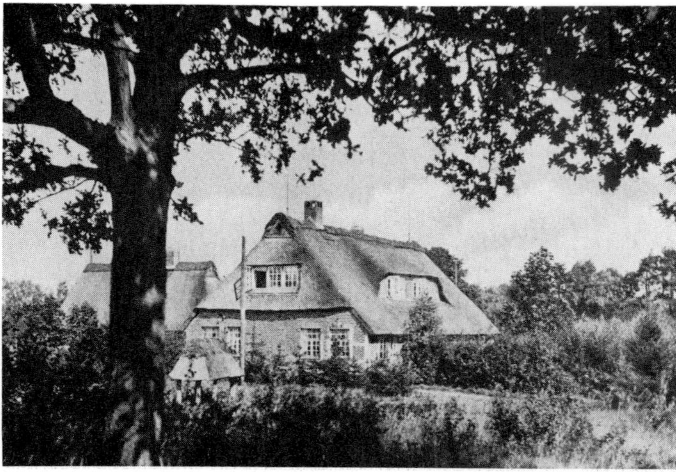

„Haus im Schluh“ von Martha Vogeler nach ihrer Trennung von Heinrich Vogeler 1920 aus Teilen alter Bauernhäuser erbaut und ständig erweitert, heute in ihrer Nachfolge Webatelier, Museum und Worpsweder Archiv.

Das originelle Haus, die „Käseglocke“, des Moorläufers und Schriftstellers Etvin Koenemann in der Markusheide, erbaut 1926.

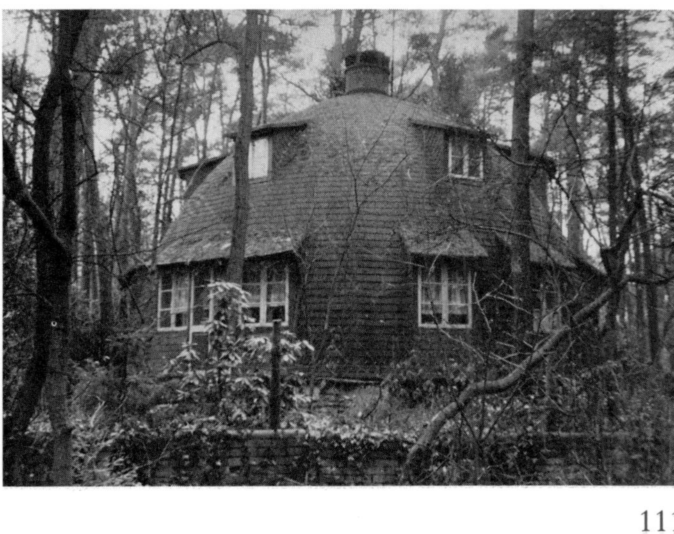

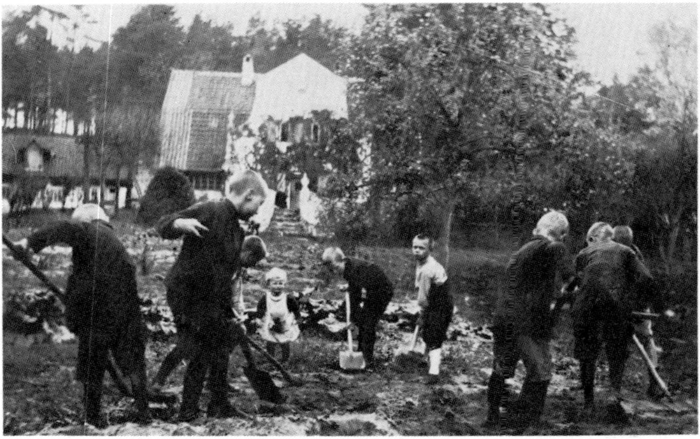

Heinrich Vogelers „Barkenhoff", als er der „Roten Hilfe" 1923-1932 als Kinderheim diente. Umgestaltung des Jugendstilgartens in Nutz- und Ackerfläche.

Diele auf dem „Barkenhoff" mit den 1920-1926 mit Ölfarbe auf Gips gemalten, 1926/27 heftig umstrittenen und 1939 beseitigten revolutionären Wandbildern. Foto um 1928.

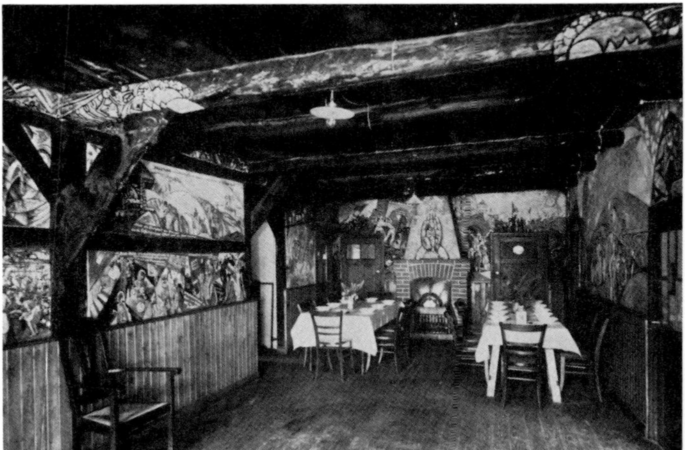

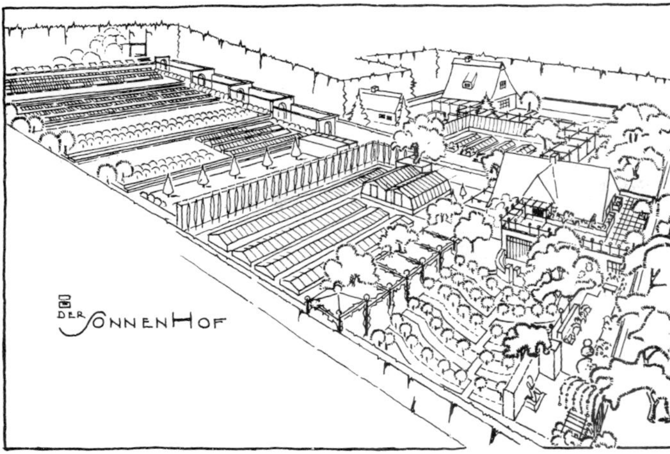

Ein Plan vom „Sonnenhof" in Worpswede. Hier gestaltete der Gartenarchitekt Leberecht Migge vorerst in Zusammenarbeit mit der Arbeitsschule „Barkenhof" Heinrich Vogelers eine intensive Siedlerschule, die neben neuen Formen der Produktion und Lebensführung auch Interessierte an eben diese heranführen wollte. Eine Teilansicht der Gartensiedlung „Sonnenhof" (unten).

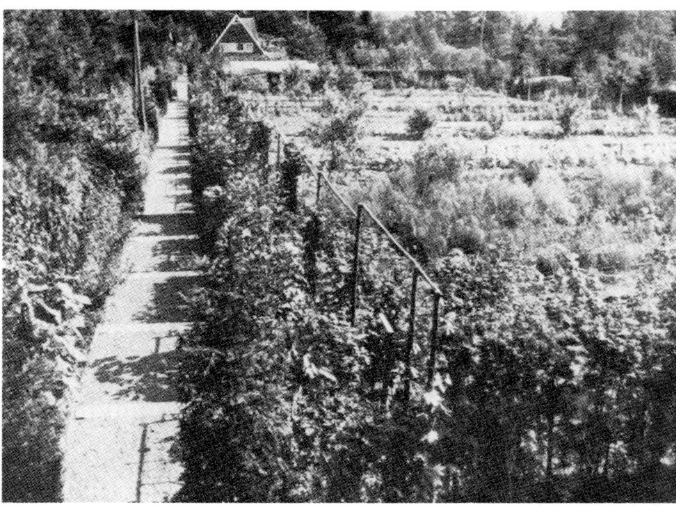

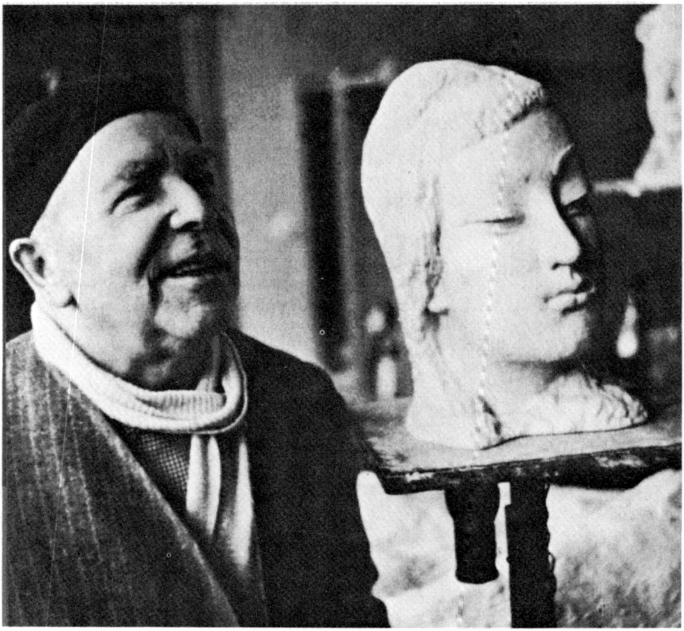

Bernhard Hoetger in seinem Berliner Bildhaueratelier um 1940.

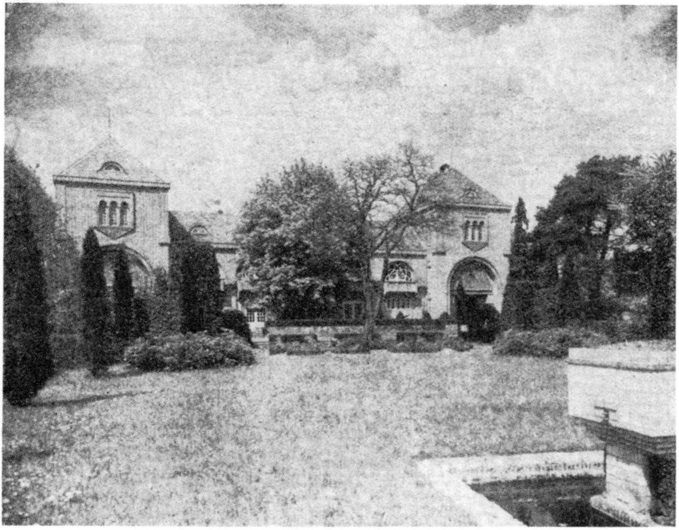

Der „Brunnenhof", von Bernhard Hoetger ab 1914 als sein erstes Haus in Worpswede erbaut, 1919 aufgegeben, dann vorübergehend von Martha Vogeler als Gästehaus betrieben, 1923 abgebrannt. Foto um 1917.

Bernhard Hoetger: „Niedersachsenstein", als Siegerdenkmal 1917 begonnen, als Mahnmal für die Toten des Ersten Weltkrieges von Hoetger unter Verlust seines Vermögens in den 20er Jahren vollendet.

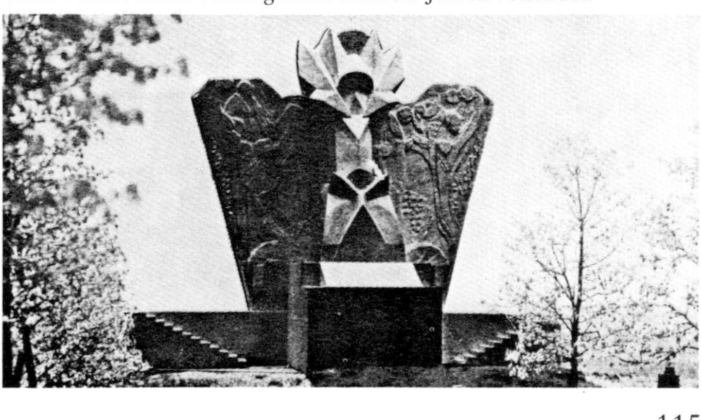

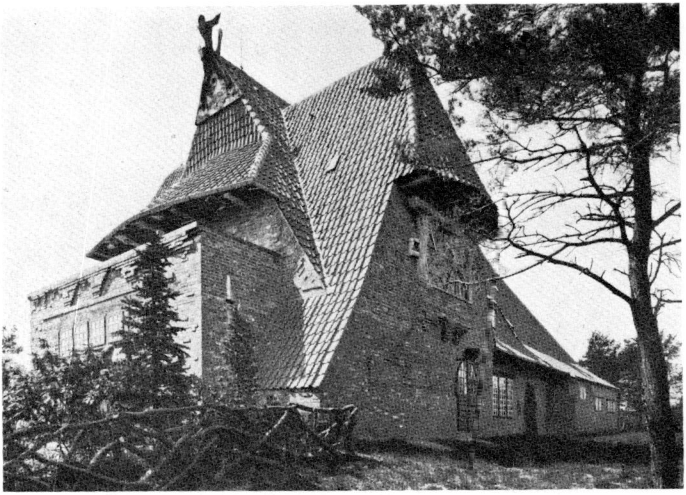

Bernhard Hoetgers zweites Haus in Worpswede, unterhalb des Weyerberges 1921.

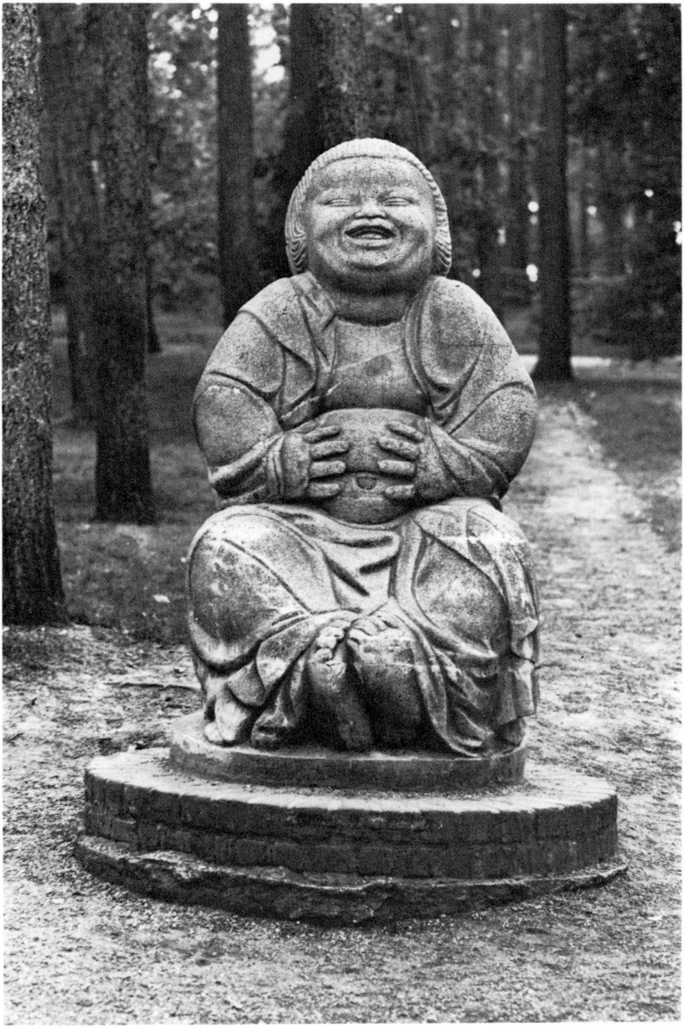

Bernhard Hoetger: „Bonze des Humors“, Steinplastik im Park des „Café Worpswede“.

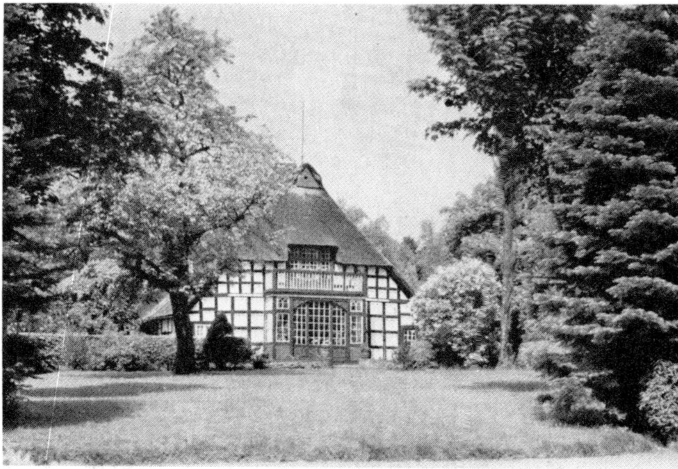

Der „Brünjes-Hof". Hier hatte Paula Modersohn-Becker ihr erstes Atelier. Später wurde das Haus von Carl Emil Uphoff übernommen.

Das Haus des Architekten, Malers und Grafikers Carl Weidemeyer, der ab 1905 in Worpswede wohnte.

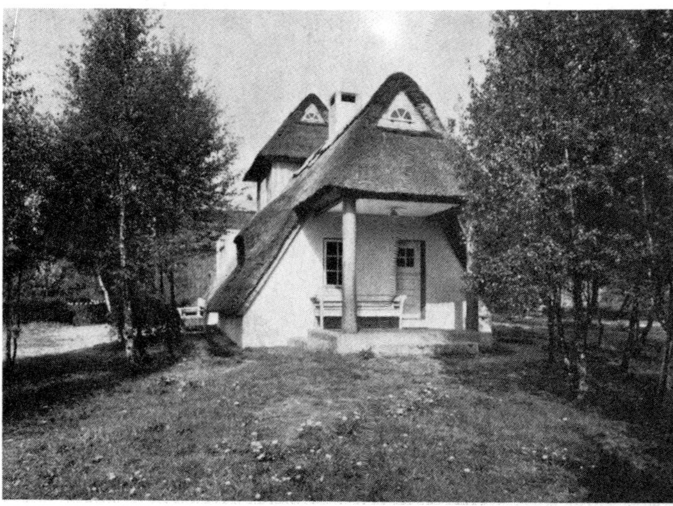

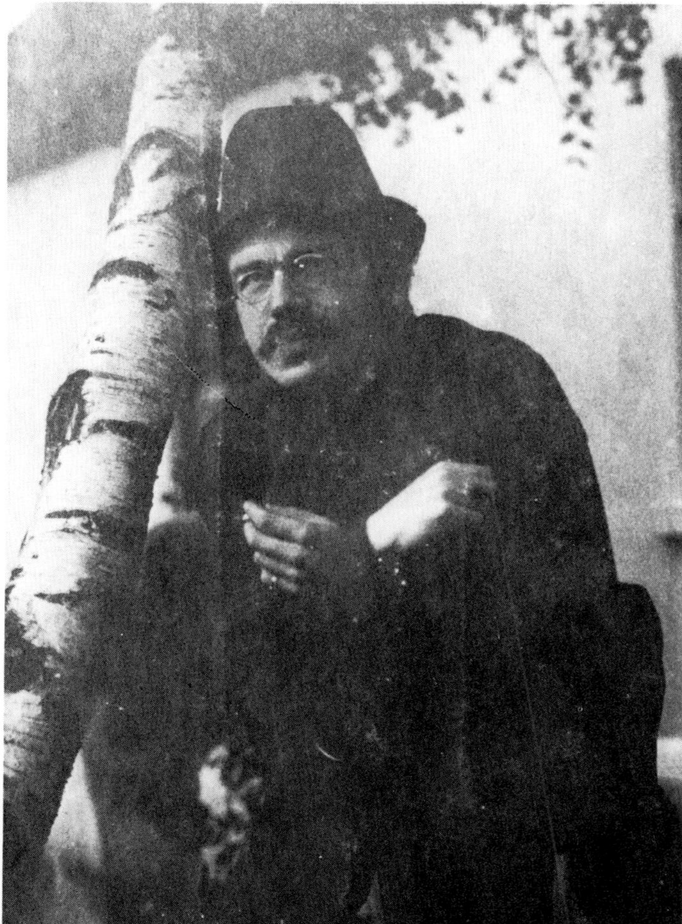

Carl Emil Uphoff, Maler, Grafiker, Plastiker und Schriftsteller, seit 1912 durch Heinrich Vogeler in Worpswede, dann Besitzer des Brünjes-Hofes, in dem Paula Modersohn–Becker und später auch Clara Rilke–Westhoff ihr noch heute erhaltenes Atelier hatte.

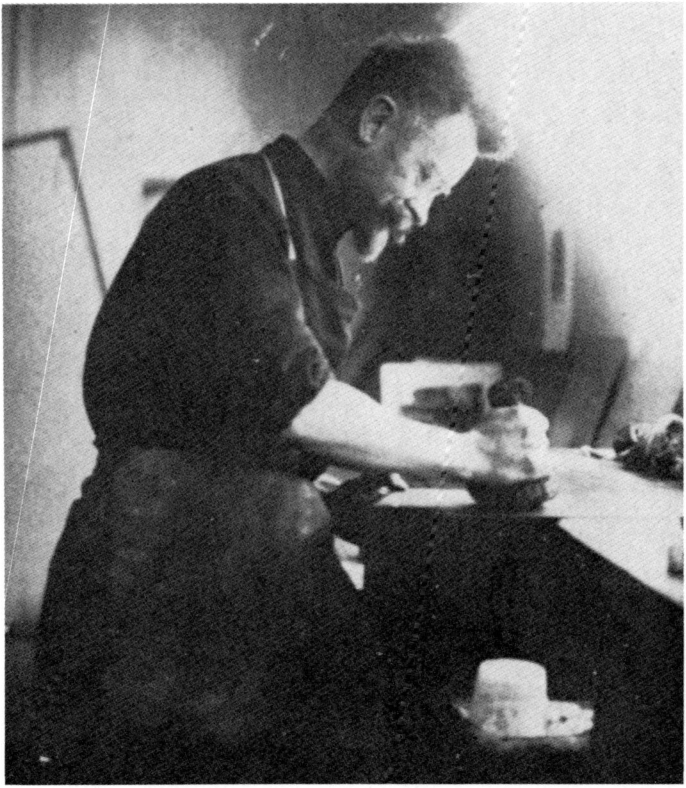

Der Maler und Grafiker Martin Paul Müller gründete die Worpsweder „Künstlerpresse", die später von Herbert Jaeckel übernommen wurde.

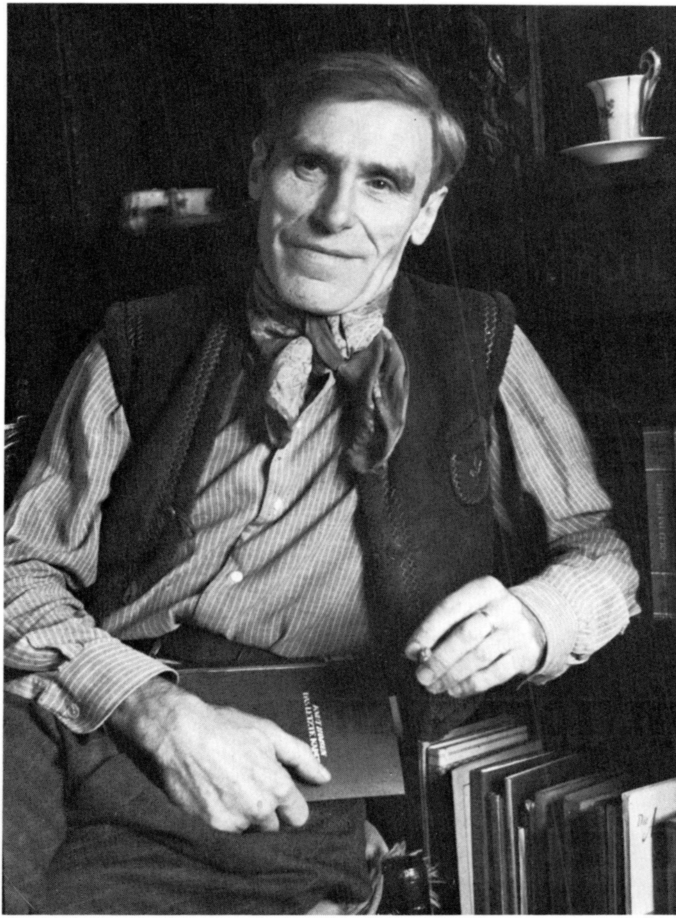

Otto Tetjus Tügel, Maler, Schriftsteller und Volkssänger, seit 1919 in Worpswede, um 1925.

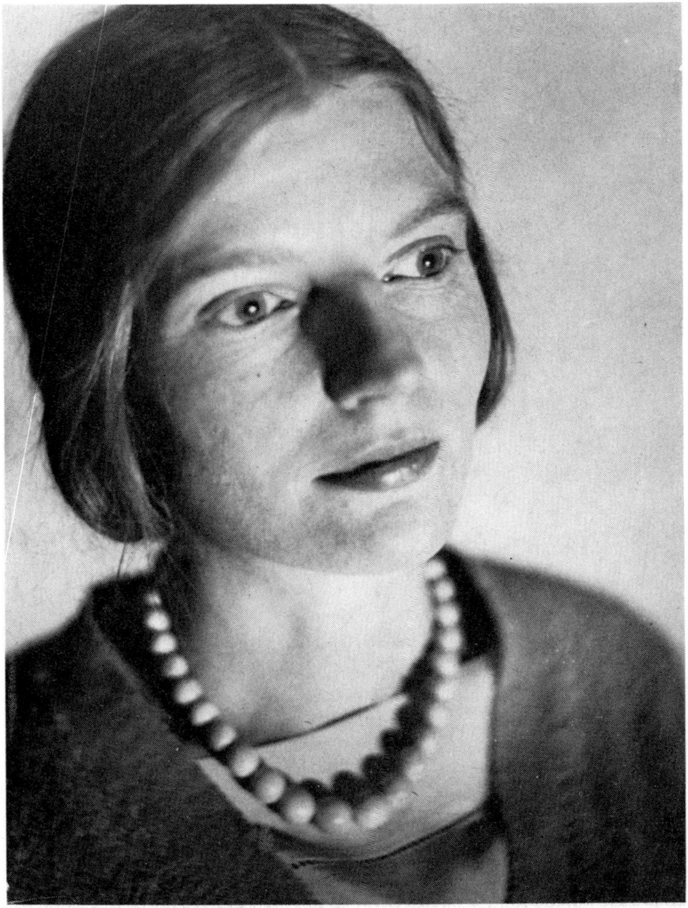

Marie-Louise (Mieke) Vogeler (1901 – 1945), Heinrich Vogelers älteste Tochter, Malerin und Goldschmiedin, heiratete Gustav Regler und wanderte mit ihm 1933 nach Mexiko aus.

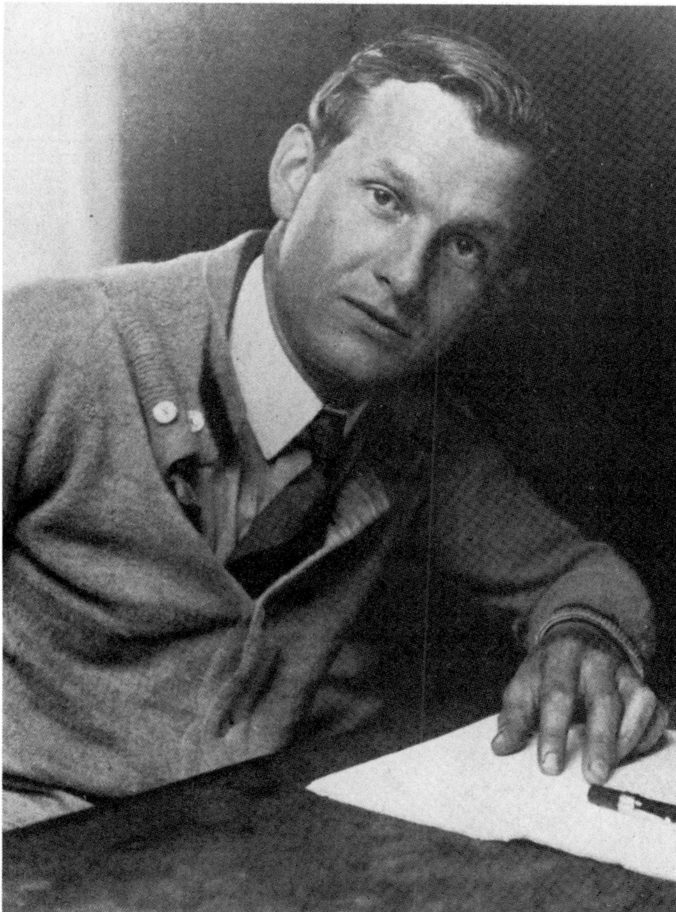

Gustav Regler, Kommunist und Schriftsteller, heiratete Heinrich Vogelers älteste Tochter Marie-Louise (Mieke), deren Tod im mexikanischen Exil 1945 er am Ende seiner Autobiographie „Das Ohr des Malchus“ (1958) ein ergreifendes literarisches Denkmal setzte.

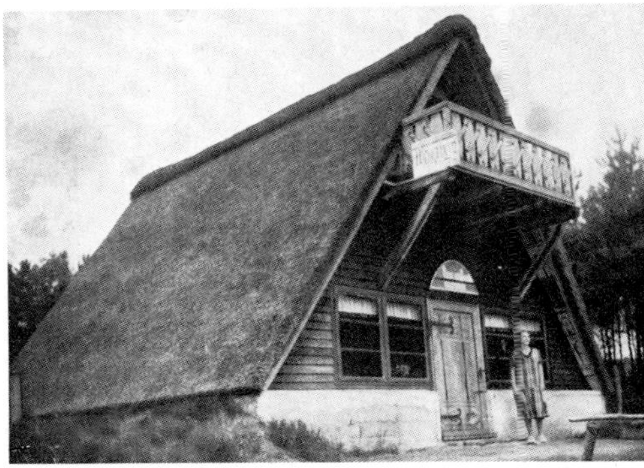

In diesem Haus auf dem Weyerberg in der Nähe des Niedersachsensteins wohnte viele Jahre die Schriftstellerin Anke Ehlers. Nach dem zweiten Weltkrieg wohnte Lisel Oppel bis zu ihrem Tode darin.

Lisel Oppel um 1930.

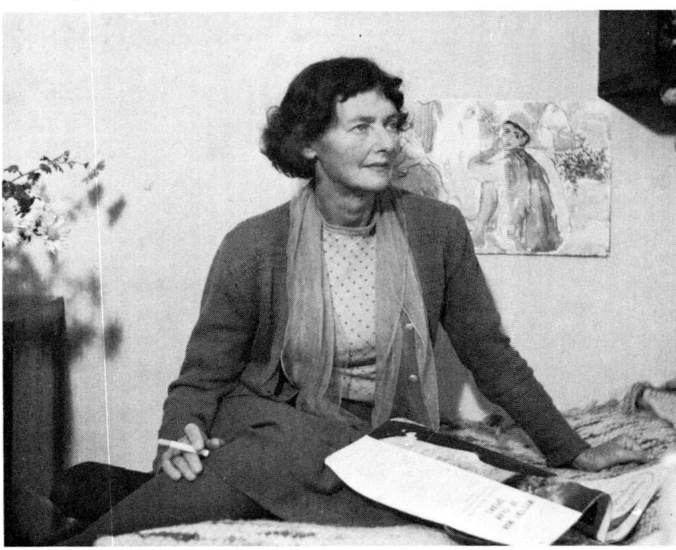

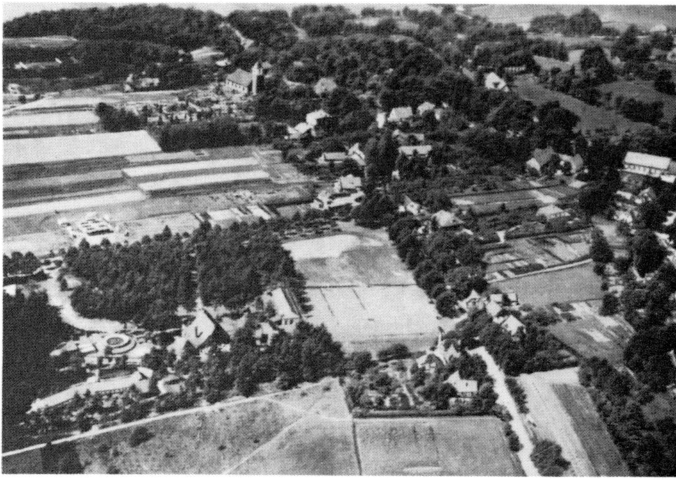

Alte Luftaufnahme vom Ortskern Worpswede, ca. 1930

40 Jahre Worpswede. Zur Erinnerung an das Jahr 1884, in dem der Schüler der Düsseldorfer Kunstakademie Fritz Mackensen auf Einladung des Ortsvorstehers Stolte zum ersten Male nach Worpswede kam und somit gleichsam der Grundstein zu der späteren Entwicklung der Künstlerkolonie gelegt wurde, feierte die Worpsweder Künstlerschaft zusammen mit den Dorfbewohnern am 11. Oktober ein Fest. Wer sich ein wenig darauf versteht, weiß, wie schwierig es ist, ein Fest an einem bestimmten Termin auf Kommando zu feiern. Eigentlich muß ein Fest ja völlig vom Himmel fallen. Das ist indessen selbst in einem kleinen Kreise nur zuweilen möglich. Auf etwas derartiges konnte sich die Worpsweder Festleitung natürlich nicht einlassen. Aber hätte man nicht darauf bedacht sein sollen, einmal Worpswede zur Geltung zu bringen, ein Fest gänzlich aus eigener Kraft zu machen? „Selbstverständlich!" wird jedermann sagen, „was denn sonst?" Was sonst? Nun, man verschrieb sich einen Conferencier aus Hamburg und Mitglieder eines Bremer Kabaretts. Eigentliche Worpsweder traten, abgesehen von der Saalausschmückung, nur sehr wenig in Aktion. Schade.

Mit Geschmack, Sorgfalt und Pietät ehrte die „Worpsweder Kunstschau" die „fünf Alten" durch eine Gedächtnisausstellung. Ein Lampionzug der Kinder durchs Dorf, das mit Papierlaternen und Lichtern illuminiert hat, eröffnet das Fest. Rechts herum, links herum, hohe Mädchenstimmen, glühende, schwankende Kugeln, die „Bauernreihe" entlang zum Festsaal, dessen Nüchternheit fleißige Hände unter Walter Müllers und Hans Saebens Regie in einen fantastischen Traum verwandelt haben. Der Saal erweist sich als viel zu winzig. Alles will eben dabei sein. So sitzt man in drangvoller, aber warm-behaglicher Enge. Die Lampionkinder bilden einen Kreis um die große Wunderblume, die sanft von innen erleuchtet an einem Ende des Saales von der Erde in den Himmel wächst, und dann singt Henny Jülfs zusammen mit einer Schülerin, begleitet von Geige, Laute und Bratsche, das Lönssche Lied vom Heidehügel. Ernst Licht, der Bremer Komponist, zupft im Hintergrund die Laute und paßt auf, daß alles gut geht. Und es geht sehr gut. Nach zwei wohlgelungenen Liedern des Worpsweder Männergesangvereins spricht der Vegesacker Stadtdirektor, Dr. Wittgenstein: in Worpswede lebt der Geist des Meeres, das einst hier toste, uralt und ewig jung. — Olga Breling aus Fischerhude tanzt, Jan Bontjes, ihr Mann, parodiert sie und andere — ein Satanskerl! —, Ernst Duis singt plattdeutsche Lieder zur Laute. Das ist alles recht hübsch. Aber nun gleitet das Fest unter der Führung des Hamburger Conferenciers mehr und mehr in ein „internationales Fahrwasser". Eine Chansonette verwechselt Worpswede und Berlin W so gründlich, daß das Publikum zu der Ansicht gelangt, dies wäre nicht die richtige Art, Mackensen, Vogeler und Modersohn, die anwesend sind, zu ehren. Protest. Die schöne Dame verschwindet.

Dr. M. H.

Erinnerung an 40 Jahre Worpswede, Beitrag von Manfred Hausmann in der Zeitschrift „Niedersachsen" 1929.

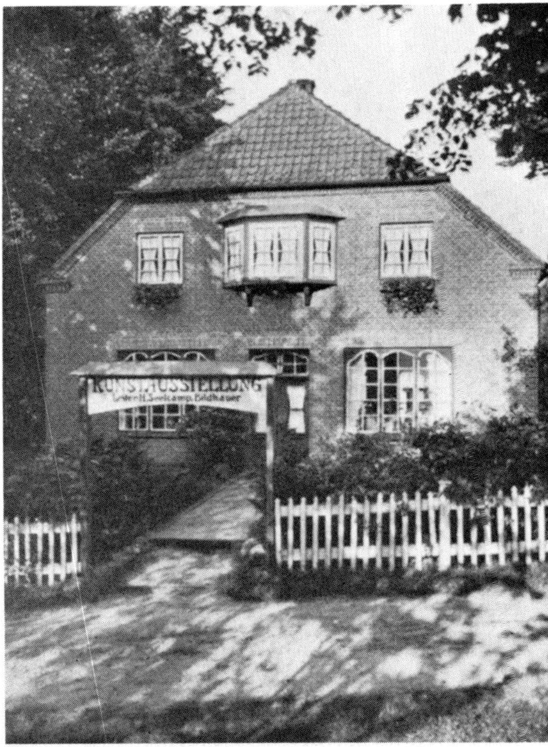

Galerie „Seekamp" zwischen Berg- und Hembergstraße gelegen, gehört zur Geschichte Worpswedes dazu. Sie wurde später von Familie Cetto übernommen, die sich vor allem der modernen, jungen Kunst zuwandten – und sich später von Worspwede abwandten. Heute ist das Haus privat genutzt.

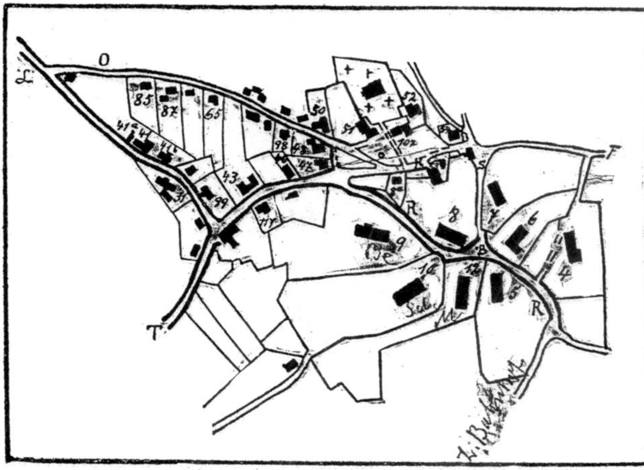

Fig. 2. Plan von Worpswede

B Bauernglocke, F Feldweg, K Kirchenstrasse, LT Lilienthal-Osterholzer Chaussee, O Obere Bergstrasse, R Bauernreihe, S Straßentor.

Niedersächsisches Haufendorf-Gebiet: Gehöfte: Nr. 4, Joh. Reiners; Nr. 5, Heinrich Tietjen; Nr. 6, Joh. Dietrich Bötjer; Nr. 7, Georg Behrens; Nr. 8, Nikolaus Bötjer; Nr. 9, Hinrich Behrens; Nr. 10, Georg Schröder; Nr. 12, Georg Monsees.

Kleingewerbe-Gartenhaus-Straßen: Kirchenstrasse: Nr. 8a, Uhrmacher u. Fahrradhändler; Nr. 43, Weißwarengeschäft; Nr. 46, Bäckerei; Nr. 47, Kunstausstellung; Nr. 117, Buchdruckerei, Buch- u. Papierhandlung; Grundstück östlich von Nr. 117, Niedersächsische Kreditbank, im Flügelgebäude Klempnerei; Grundstück westlich von Nr. 117, Gasthaus.

Obere Be[illegible]strasse: Nr. 48, Apotheke; Nr. 50, Zahnarzt, Kunstverwalterin; Nr. 65, Rentenempfä[illegible] [illegible] 85, Bierverleger; Nr. 87, Schlosserei u. Klempnerei; Nr. 98, Klavierlehrerin; Grundstück westlich von 98, Handweberei, Eisenkrämerei (zwei Gebäude).

Lilienthal-Osterholzer Chaussee: Nr. 31, Arzt, Post; Nr. 41, Maurer, Schriftsteller; 41b, Zigarrenverkäufer; Nr. 99, Auktionator.

Alter Ortsplan von Worpswede, ca. 1925.

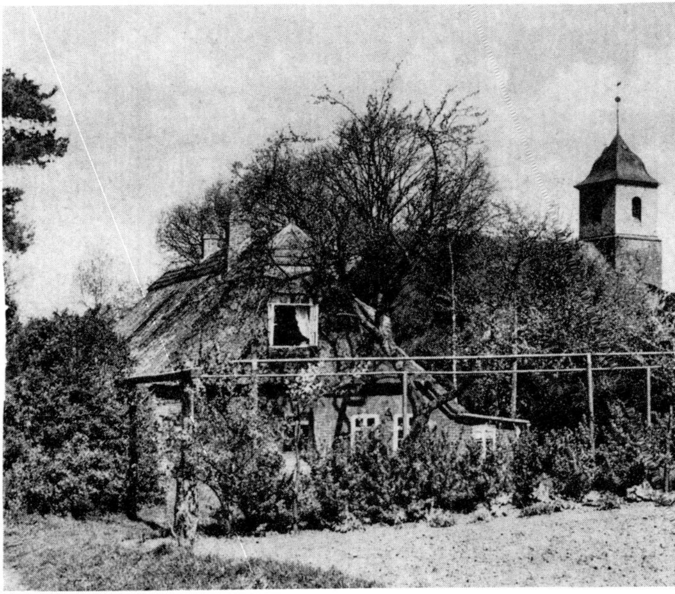

„Café Heidehof"" unterhalb der Kirche, das legendäre Worpsweder Künstlerlokal der zwanziger Jahre. Foto um 1921.

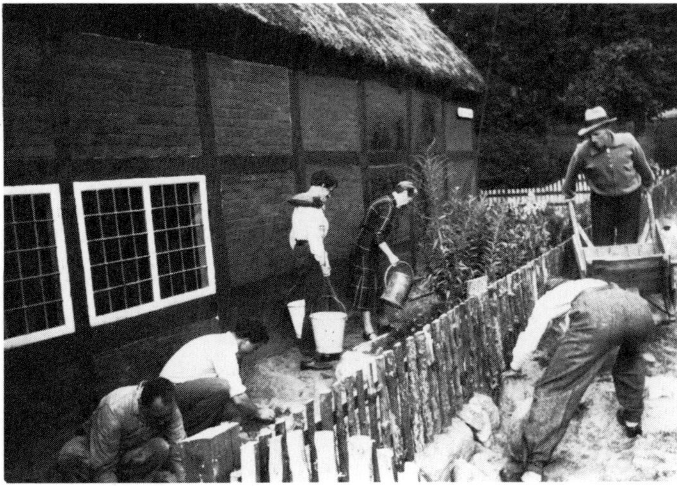

Die „Slottschün“ (Schloßscheune), das älteste Gebäude von Worpswede, wurde 1933/34 von den Worpsweder Künstlern selbst als Heim und Treffpunkt im altniedersächsischen Stil erneuert, aber wenige Jahre später im Zuge des Baus der Straße nach Osterholz abgerissen.

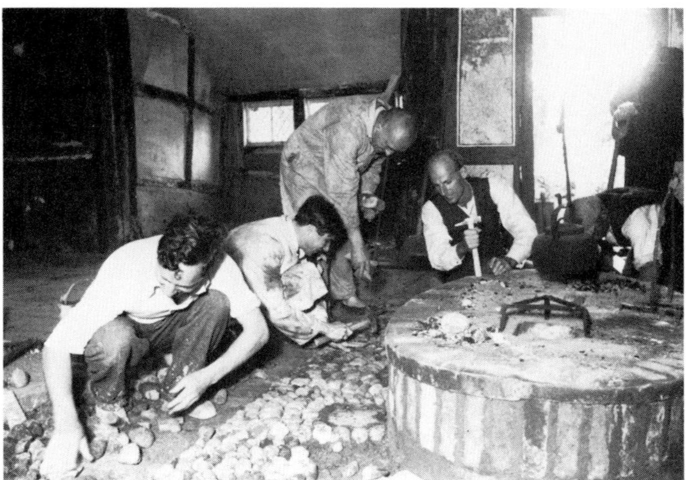

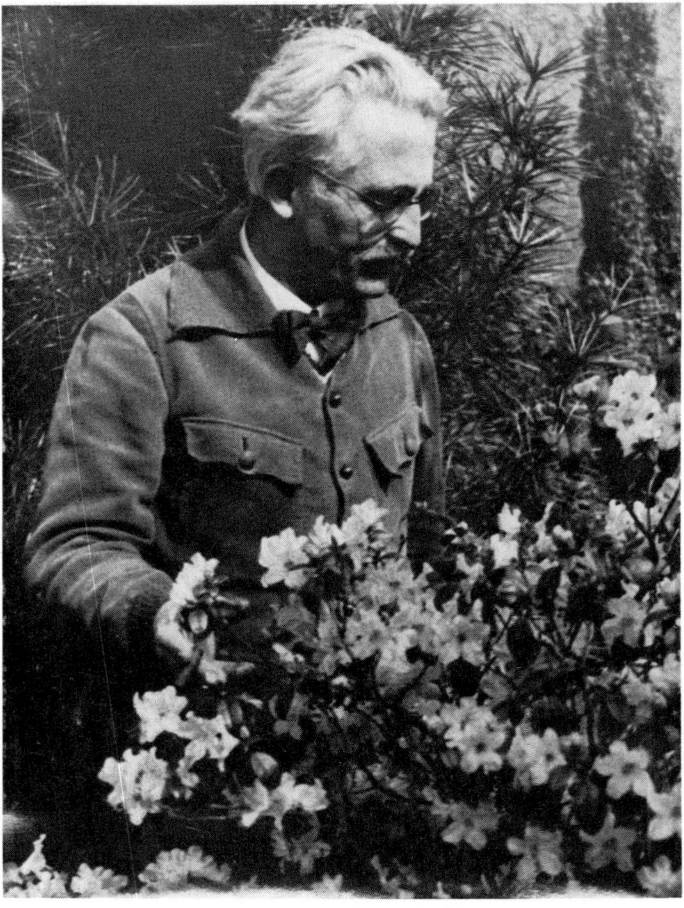

Wilhelm Scharrelmann, Bremer Lehrer, seit 1928 als freier Schriftsteller in Worpswede ansässig, viele Jahrzehnte ruhender Mittelpunkt der Worpsweder Künstlerlerschaft. Foto um 1935.

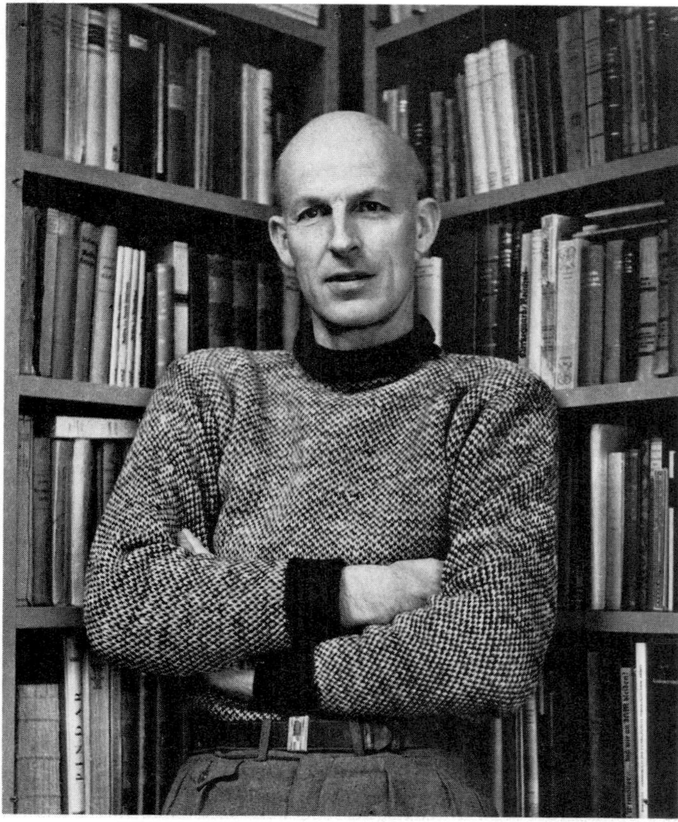

Manfred Hausmann, vielseitiger und erfolgreicher Schriftsteller, der 1928 nach Worpswede kam und sich von Walter Müller, dem Gatten von Heinrich Vogelers zweiter Tochter Bettina seine Villa in einem damals hochmodernen Stil (Bauhaus) erbauen ließ. Foto um 1930.

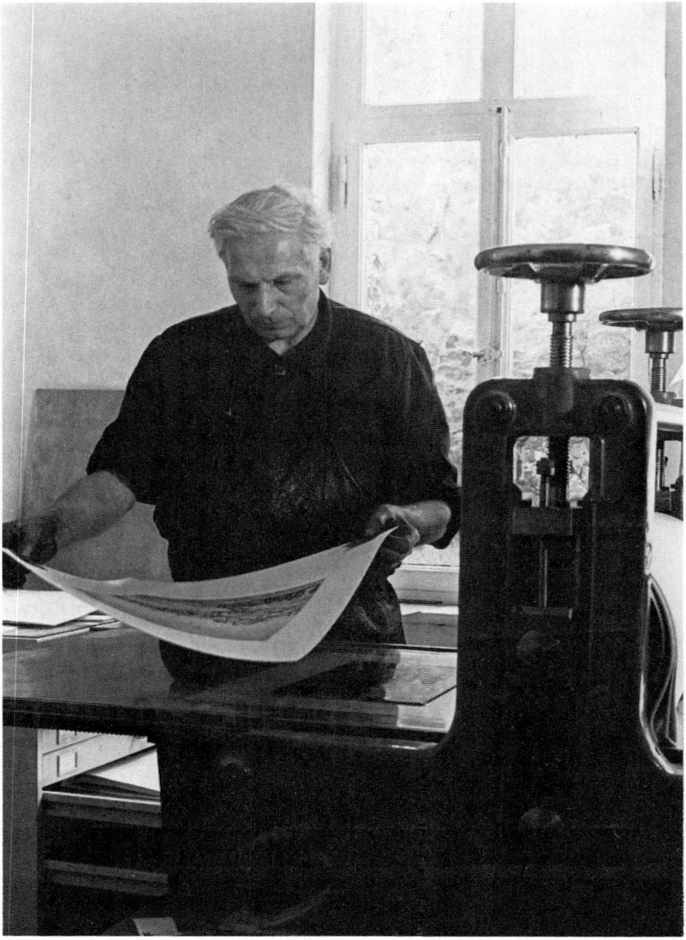

Herbert Jaeckel in der „Künstlerpresse Worpswede“, die er seit 1936 selbständig führt. Foto um 1950.

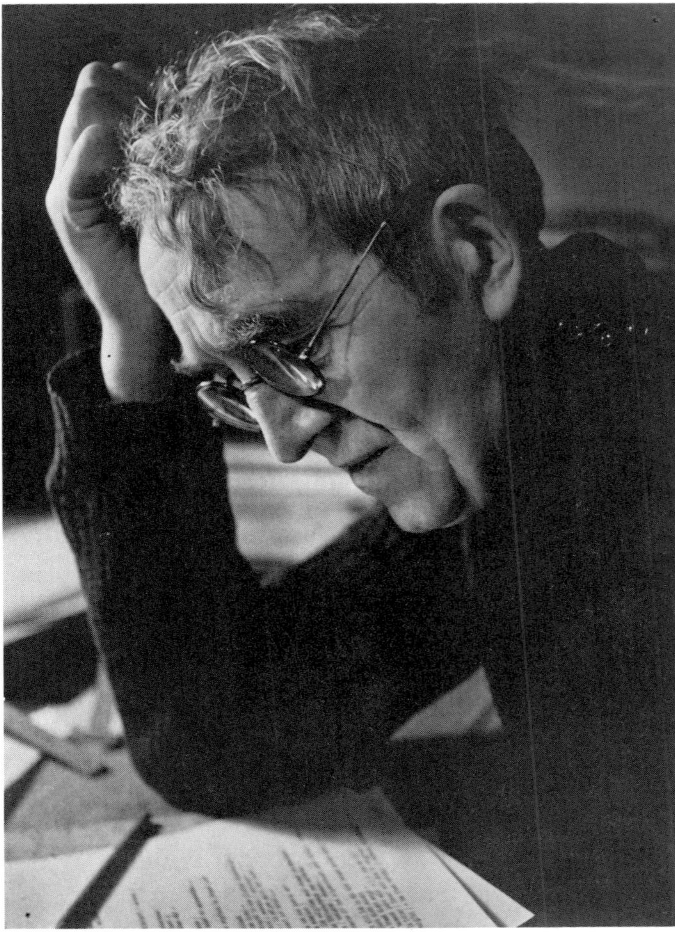

Etvin Koenemann, der 1906 als Schüler von Georg Tappert nach Worpswede kam, Literat und Sammler, früher Propagandist für Worpswede und Vertreter von Natur- und Umweltschutz.

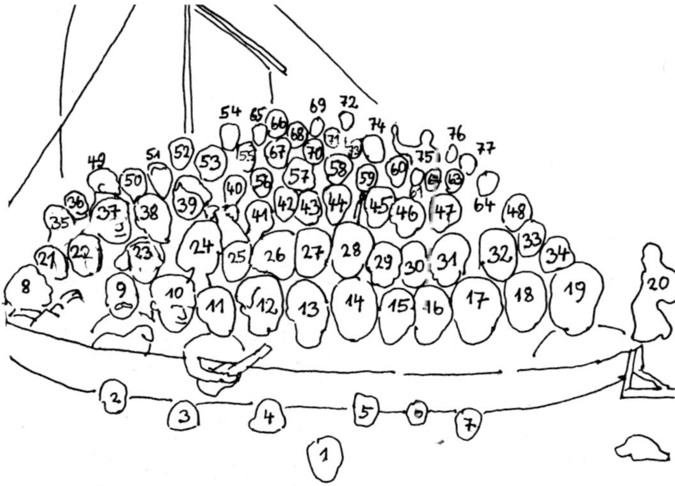

„Das Künstlerschiff“ voll mit Worpsweder Künstlern aus dem Jahre 1949. Werner Rohde fertigte diese Collage, als der Buchhändler Johannes Höfs Worpswede verließ.

1. Hans-Georg Müller, 2. unbekannt, 3. Annette Lichtenford, 4. Rugald Gothe, 5. Peter Lichtenford, 6. unbekannt, 7. Bettina Müller, 8. Frau Augustiny, 9. Ludwig Maheinike, 10. Werner Rohde, 11. Charlotte Niemann, 12. Walter Niemann, 13. Manfred Hausmann, 14. Wilhelm Bekkerwerth, 15. Albert Reiners, 16. Georg Reiners, 17. Benny Huys, 18. Hans Saebens, 19. Wilhelm Scharrelmann, 20. unbekannt, 21. Waldemar Augustiny, 22. Karl Schulken, 23. Eva Kausche-Kongsbak, 24. Renata Rohde, 25. von Zabern, 26. Rosie Höfs, 27. Johannes Höfs, 28. Hedwig Rohde, 29. Ernst Licht, 30. Alfred Dreyer, 31. Hans-Hermann Rief, 32. Udo Peters, 33. Martin Goldyga, 34. Ulla Köhler, 35. Richard Oelze, 36. unbekannt, 37. Frau Seekamp, 38. Martin Kausche, 39. Gretel Schnaars, 40. Otto Meier, 41. Till Hienz, 42. Ursula Ziebarth, 43. Alfred Lichtenford, 44. Eva Lichtenford, 45. Rudolf Dodenhoff, 46. Frau Dodenhoff, 47. Martha Vogeler, 48. Dora Goldyga, 49. Fritz Mackensen, 50. Agnes S. Plump, 51. Eduard Vogeler, 52. Frau Krieb, 53. Philine Vogeler, 54. Ursula Mangels, 55. Helmut Cetto, 56. Lotte Cetto, 57. Charlotte Zurek, 58. Malie Hennings, 59. unbekannt, 60. Herta Müller, 61. Otto Meier, 62. Bettina Müller, 63. Walter Müller, 64. Ellida von Alten, 65. Nudi Netzel, 66. Martha Netzel, 67. Alma Dreyer, 68. Frida Netzel, 69. Sophie Bötjer-Malet, 70. Berta Stolte, 71. Minna Stolte, 72. Betty Meyer, 73. Friedel Stolte, 74. Mudel Stolte, 75. Karl Krummacher, 76. Heinz Tilgner, 77. Maridel Behrens.

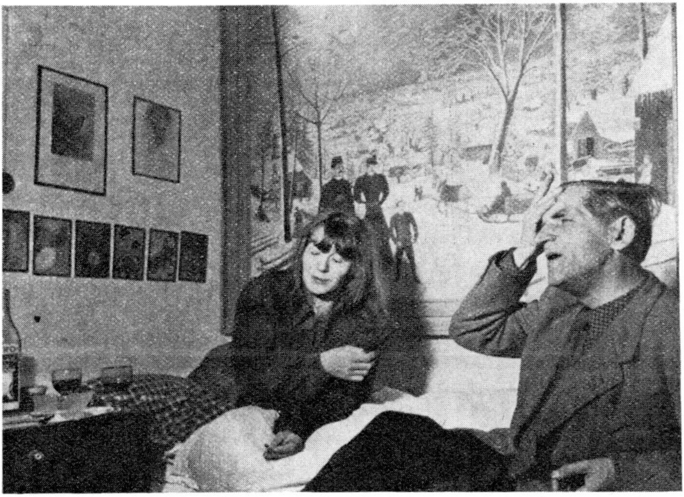

Der Schriftsteller Gustav Schenk in seinem Worpsweder Haus. 1949 schrieb man über ihn: „.... ihn sieht man nirgends, er hat seinen Kreis für sich und nimmt nicht teil an dem, was sonst in Worpswede vorgeht."

Künstlertreffen am Niedersachsenstein: Waldemar Augustiny, Ernst Licht und Wilhelm Scharrelmann.

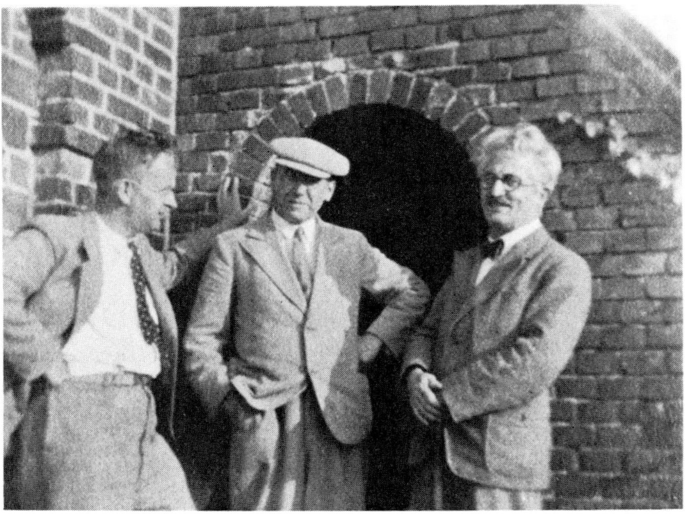

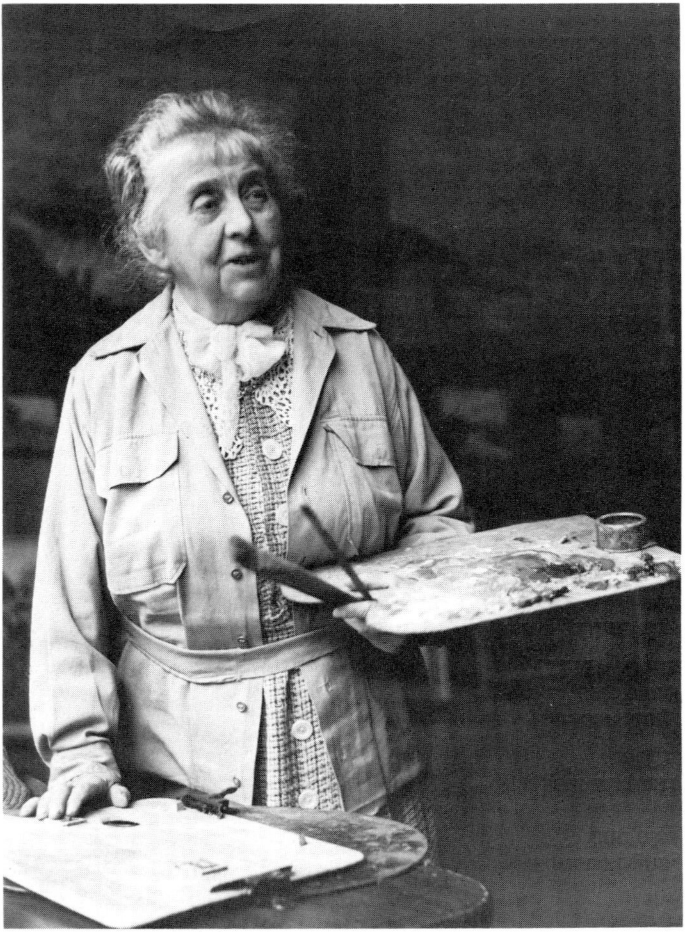

Sophie Wencke, Malerin, seit 1898 als Schülerin von Otto Modersohn in Worpswede. Foto um 1950.

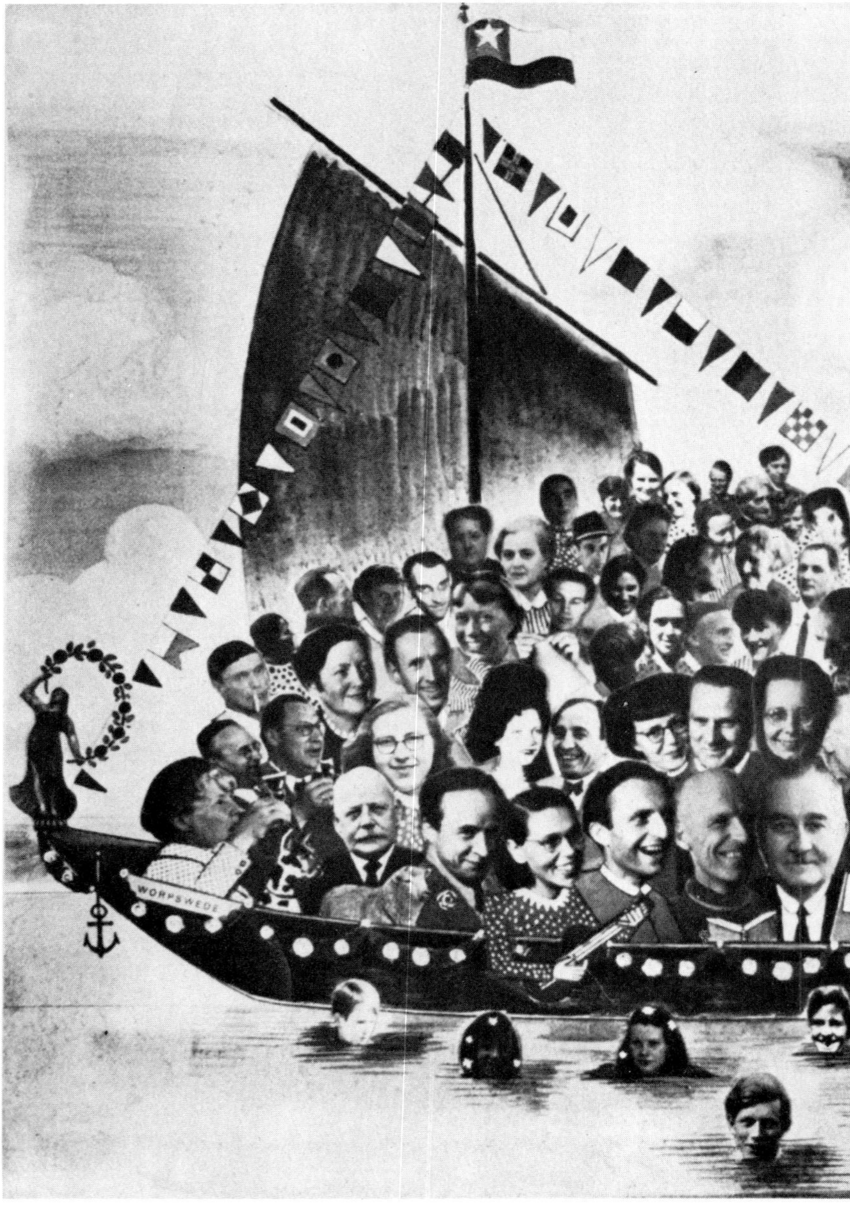
WORPSWEDE

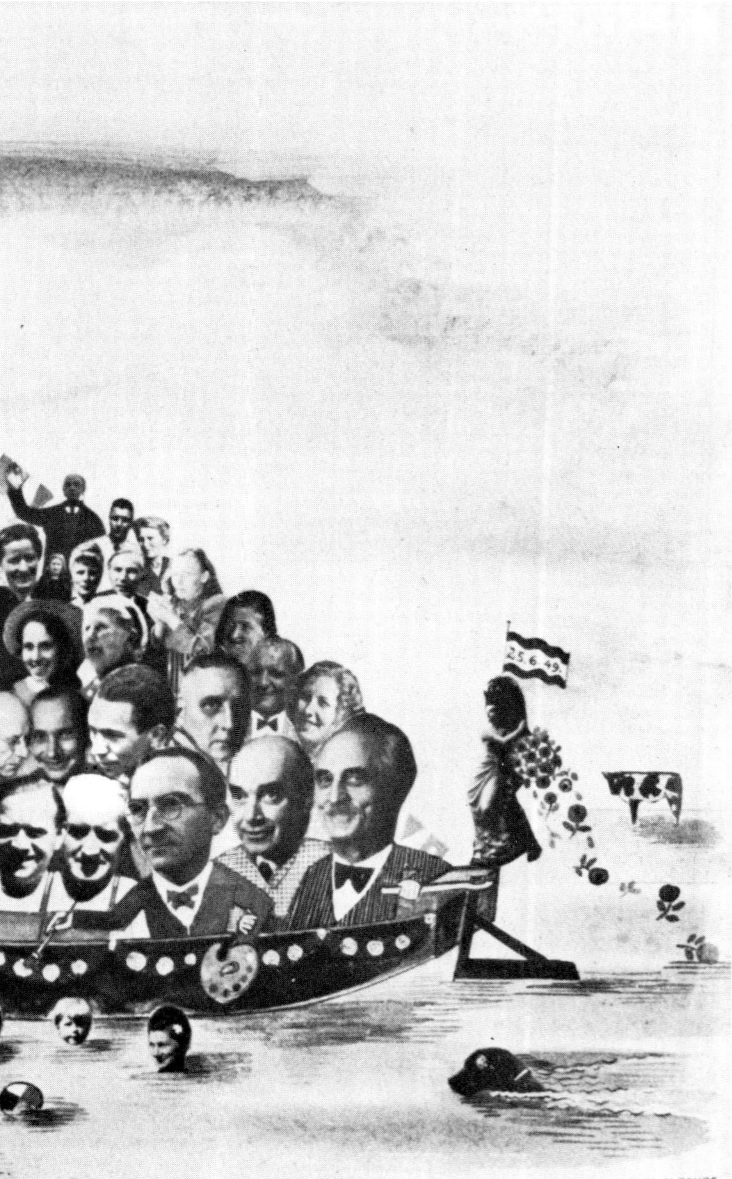
25.6.49.

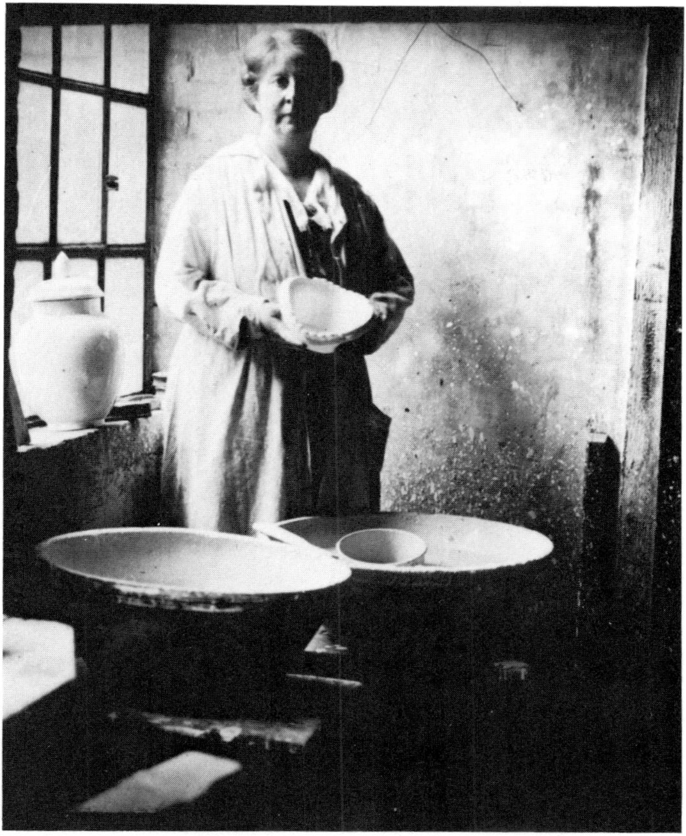

Clara Wencke, Porzellanmalerin und Keramikerin, Sophie Wenckes ältere Schwester, seit 1898 in Worpswede. Foto um 1950.

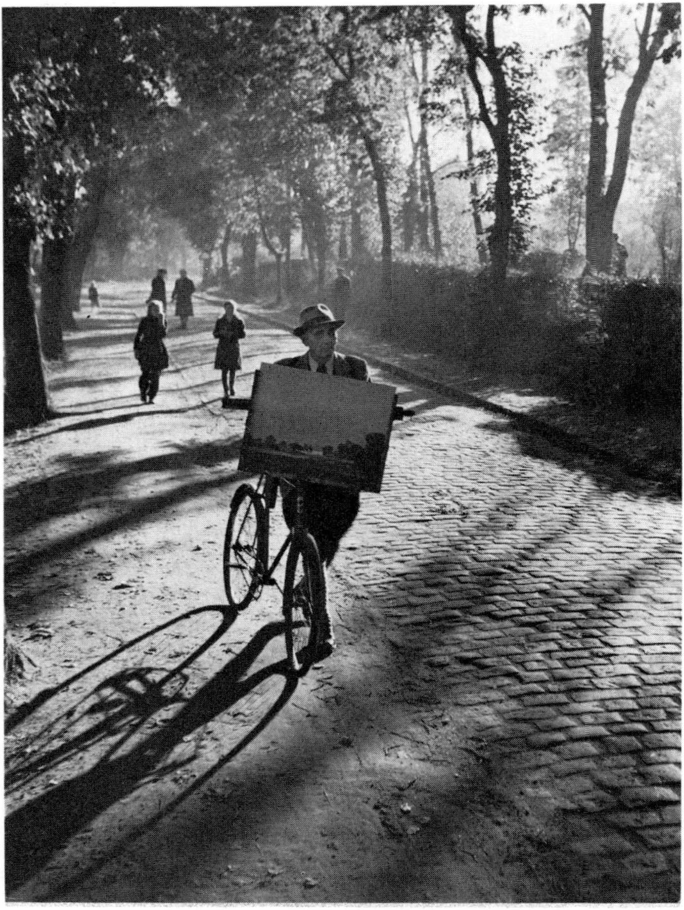

Udo Peters auf der Hembergstraße in Worpswede auf dem Weg zum Malen vor der Natur um 1945.

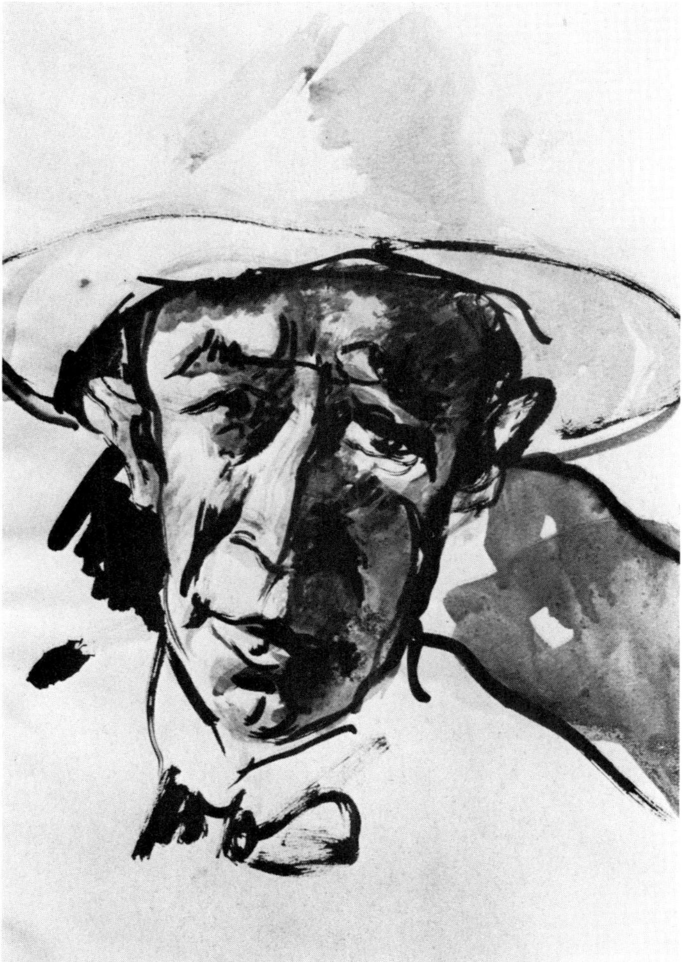

Albert Schiestl–Arding: Selbstbildnis

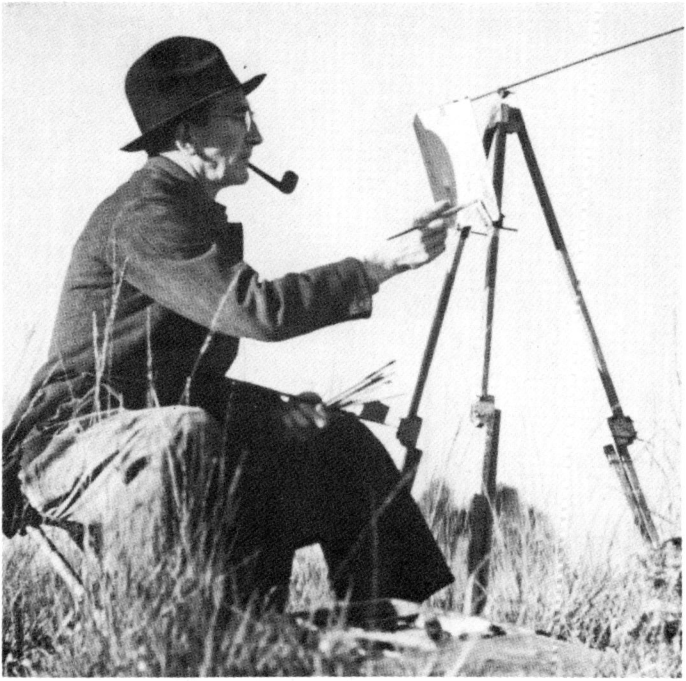

Bernhard (Benny) Huys (1895-1973), 1917 zum ersten Mal, seit 1929 ständig in Worpswede, hier beim Malen vor der Natur.

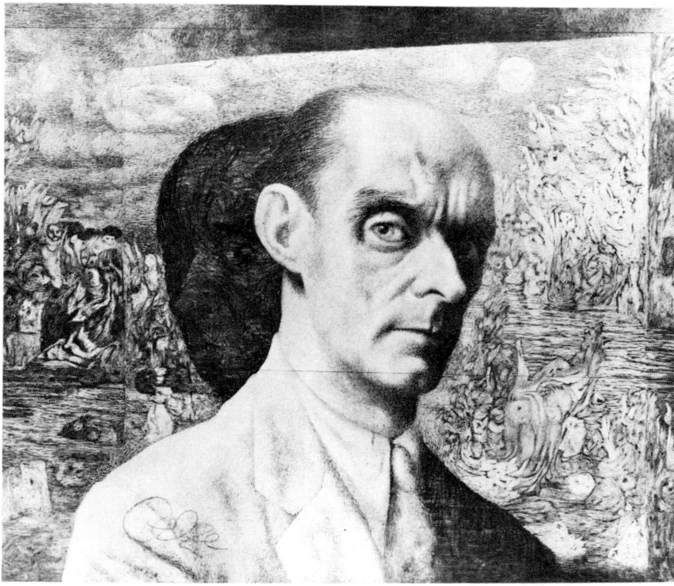

Richard Oelze, einer der wenigen Vertreter des deutschen Surrealismus, lebte zwischen 1939 und 1962 mit Unterbrechungen in Worpswede.

Richard Oelze in Worpswede, 1961.

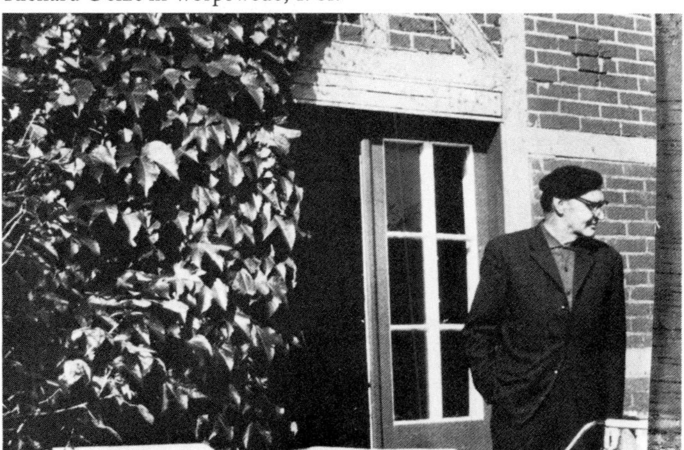

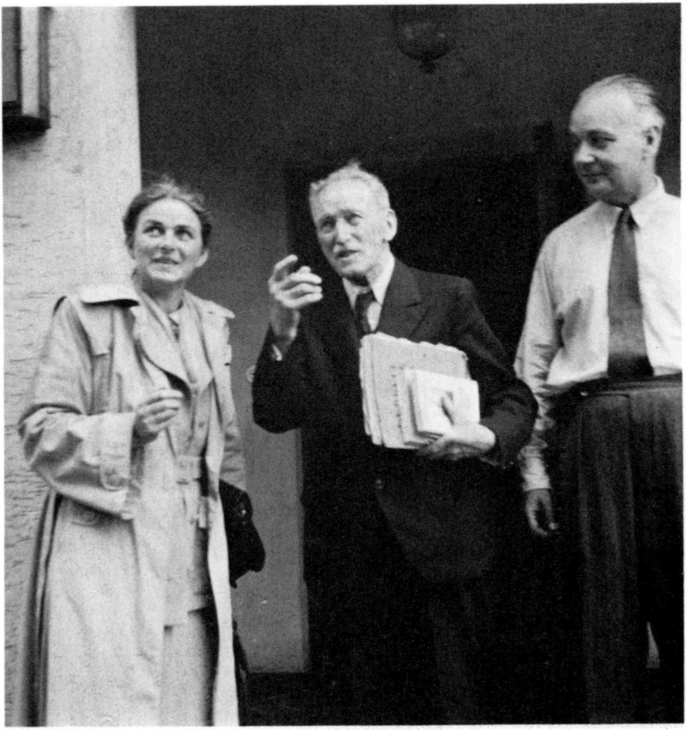

Fritz Mackensen (Mitte) erklärt vor dem „Haus am Weyerberg" des Verlegers, Galeristen und Sammlers Bernhard Kaufmann (rechts) einer Besucherin Worpswede und zeigt auf die Kirche, die damals (um 1950) von dort aus noch zu sehen war.

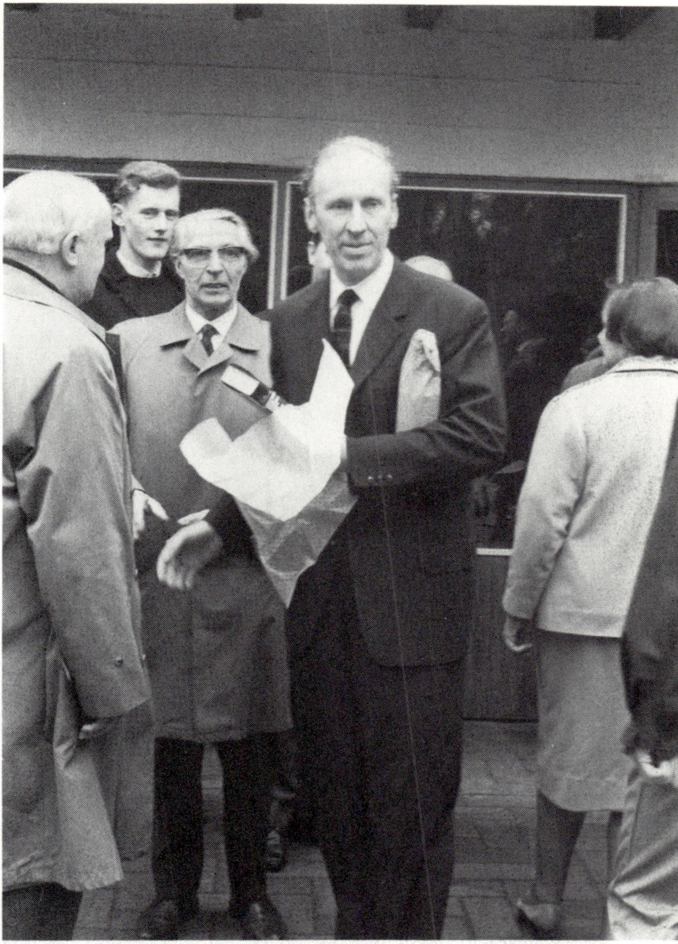

Martin Kausche, seit 1945 in Worpswede, Initiator und Zentrum der Worpsweder Künstler sowie der Atelierhäuser während der letzten Jahrzehnte, an seinem 50. Geburtstag; rechts neben ihm Otto Meier und (von hinten) Alfred Lichtenford.

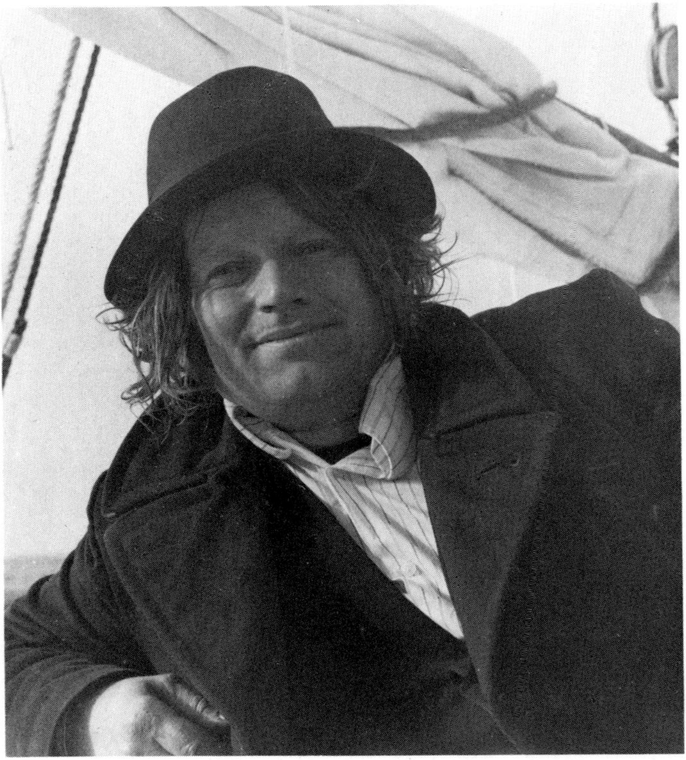

Johannes Schenk, Schriftsteller, lebt in Worpswede und Berlin. Neben Erzählungen und Geschichten für Kindern, schreibt er auch Lyrik.

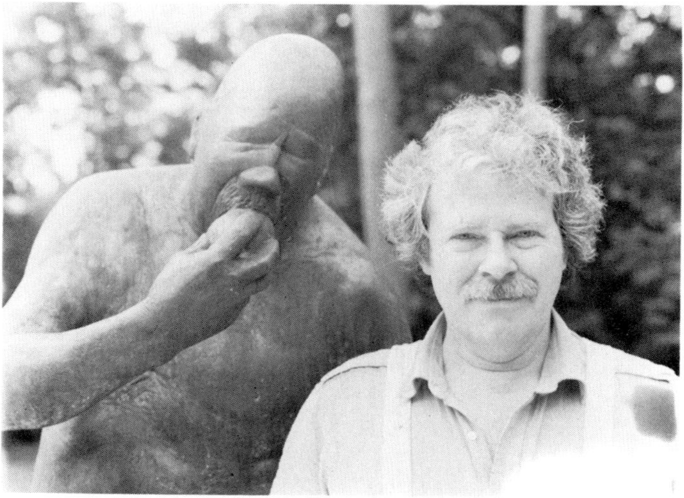

Der Bildhauer Waldemar Otto, 1985.

Der Maler und Grafiker Friedrich Meckseper lebt in Worpswede und Berlin. Hier nach einer glücklichen Landung mit dem Freiballon, 1976.

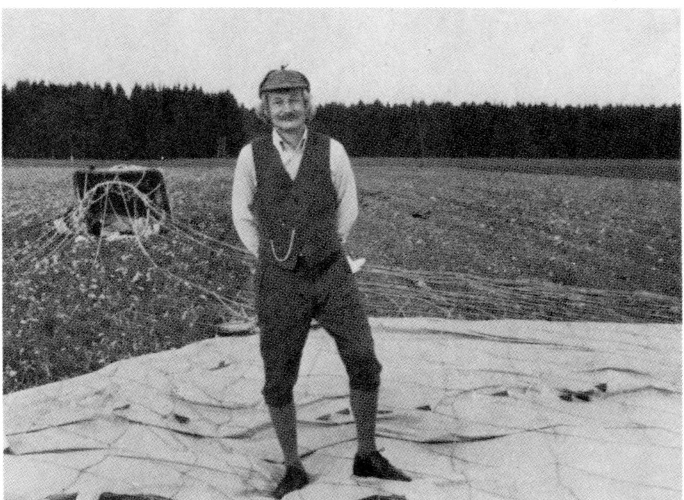

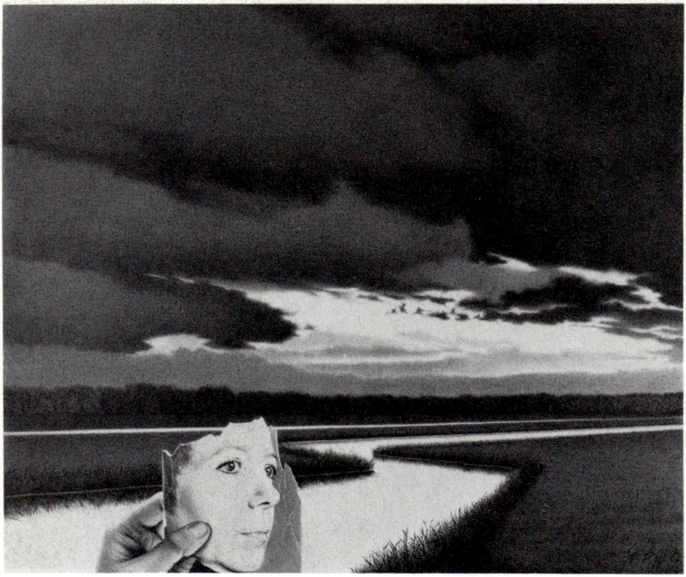

Frauke Migge: Spiegelung, Bleistift 1982.

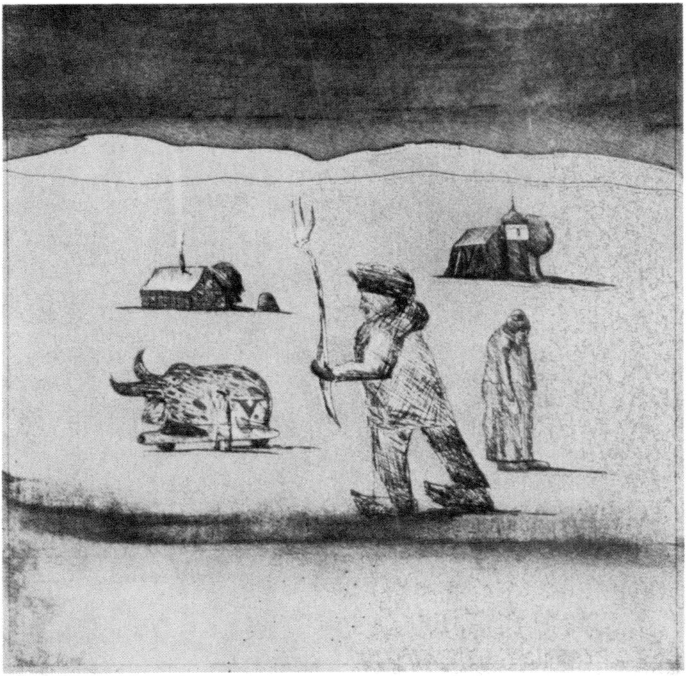

Jean Pit Morell: Auf dem Lande, 1983.

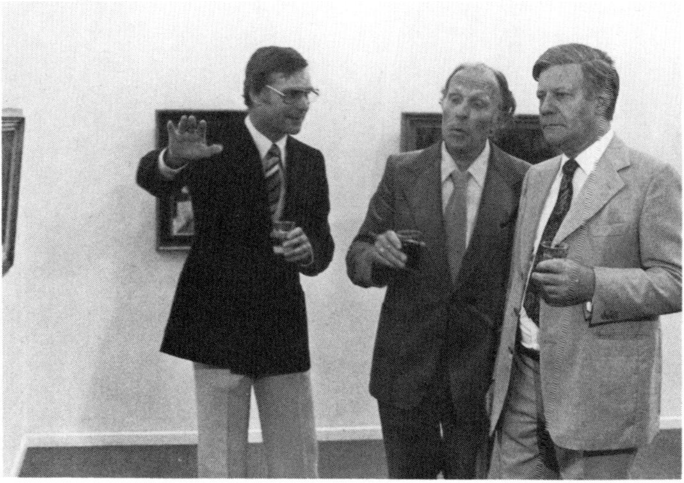

Zu den Freunden der Worpsweder Kunst gehört seit frühester Jugend der Altbundeskanzler Helmut Schmidt. Mit Friedrich Netzel (links) als Gastgeber und Christian Modersohn (Mitte) anläßlich einer großen Otto-Modersohn-Ausstellung 1977.

Worpsweder Kunsthalle Friedrich Netzel an der Bergstraße.

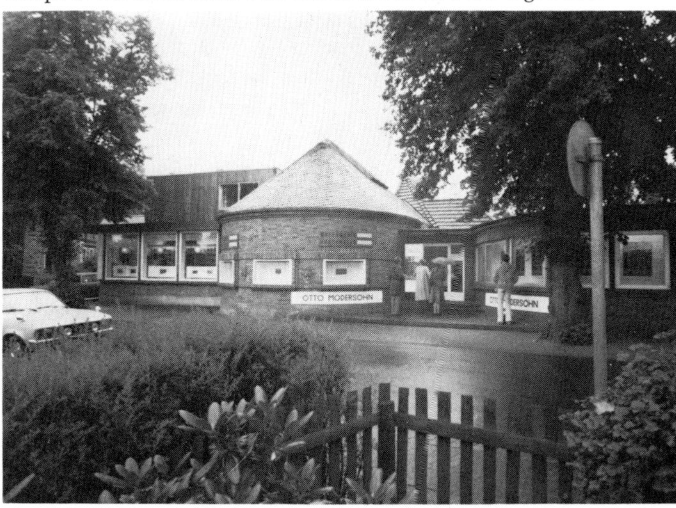

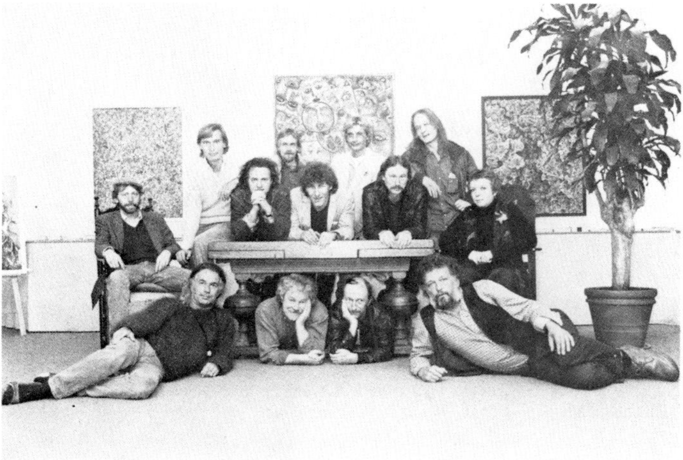

Gruppenbild Worpsweder Künstler anläßlich der Gemeinschaftsausstellung 1981; v. l. n. r. (liegend) Matthias Regenmacher, Waldemar Otto, Jens Petersen, Fritz Dreßler, (sitzend) Kurt Schönen, Joan Lazeanu, Diedee Pieper, Heinrich Schott, Frauke Migge, (stehend) Bertram Kühn, Werni, Norbert Schwarzer, Reinhard Brandau.

LITERATUR

Albrecht, Herbert, Worpswede. Kunst in der Landschaft, Fischerhude 1981

Atelierhaus Worpswede 1972-1982. Ein Beispiel bundesdeutscher Kunstförderung, Worpswede 1984

Atelierhaus Worpswede 1983, 1984, 1985. Eine internationale Arbeits- und Begegnungsstätte für Künstler, Worpswede 1986

Augustiny, Waldemar, Paula Modersohn-Becker, in Worpsweder Taschenbücher, Fischerhude 1986

Der Barkenhoff. Ausstellung aus Anlaß der Eröffnung 10. 10.-8. 11. 1981, Worpswede 1981

Busch, Günter u. Reinken, Liselotte von (Hgg.), Paula Modersohn-Bekker in Briefen und Tagebüchern, Frankfurt a. M. 1979

Busch, Günter u. a., Worpswede. Eine deutsche Künstlerkolonie um 1900. 150 Werke aus dem Besitz der Kunsthalle Bremen. Ausstellung Kunsthalle Bremen 1. 6. - 31- 8. 1980 (Katalog), Bremen 1980

Erlay, David, Verwunschene Gärten. Roter Stern. Heinrich Vogeler und seine Zeit, in heimat heute, Fischerhude 1977

Erlay, David, Heinrich Vogeler und sein Barkenhoff. Künstler – Kinder – Kommunarden, Fischerhude 1979

Golücke, Dieter u. Düring, Klaus von (Bearbb.), Bernhard Hoetger, Bildhauer, Maler, Baukünstler, Designer, Ausstellung in der Großen Kunstschau Worpswede 2. 4.-1. 6. 1982, Worpswede 1982

Heidereich, Ursula (Bearbb.), Clara Rilke-Westhoff 1878-1954. Plastiken, Zeichnungen, Gemälde. Ausstellung 9. 9.-22. 10. 1978

Galerie Cohrs-Zirkus Worpswede (Katalog), Worpswede und Bremen 1978

Künstler im Landkreis Osterholz, hg. v. Landkreis Osterholz, Osterholz-Scharmbeck 1978

Pettit, Richard, Rainer Maria Rilke in und nach Worpswede, Worpswede 1983

Petzet, Heinrich Wigand, Das Bildnis eines Dichters. Rainer Maria Rilke, Paula Becker-Modersohn. Eine Begegnung, in insel taschenbuch 198, Frankfurt a. M. 1976

Reinken, Liselotte von, Paula Modersohn-Becker mit Selbstzeugnissen und Bilddokumenten, in rowohlts monographien 317, Reinbek bei Hamburg 1983

Riedel, Karl Veit, Worpswede im Teufelsmoor bei Bremen, in Gerhard Wietek (Hg.) Deutsche Künstlerkolonien und Künstlerorte, München 1976, S. 100-113

Riedel, Karl Veit, Worpsweder Postkarten. Die Sammlung Koenemann im Altonaer Museum, in Altonaer Museum in Hamburg. Jahrbuch 1976-1977, 14./15. Bd., Hamburg 1977, S. 99-122
Schütze, Karl Robert u. Elze, Peter, Der Moorexpreß. Biographie der Bahnlinie Bremervörde-Worpswede-Osterholz mit Bildern und Dokumenten, Worpswede $_1$1980, $_2$1984
Stock, Wolf-Dietmar u. Westphal, Fritz, Worpswede. Einführung in Landschaft und Kunst. Kleiner Worpswede-Führer, Fischerhude $_1$1982, $_2$1986
Stock, Wolf-Dietmar (Hg.), Paula Modersohn-Becker. Ein Buch der Freundschaft, in Worpsweder Reihe 8, Fischerhude 1982
Heinrich Vogeler. Kunstwerke, Gebrauchsgegenstände, Dokumente, Ausstellung der Neuen Gesellschaft für bildende Kunst, Staatliche Kunsthalle Berlin 1. 5. -5. 6. 1983 u. Kunstverein Hamburg 20. 8.-16. 10 1983 (Katalog), Berlin 1983
Weltge-Wortmann, Sigrid, Die ersten Maler in Worpswede. Eine Biographie des Künstlerdorfes . . ., Worpswede 1979
Worpswede. Eine deutsche Künstlerkolonie um 1900. Ausstellung, Wien 20. 2.-23. 3. 1986 und Hannover 24. 4.-22. 6. 1986 (Katalog), Wien, Hannover, Worpswede u. Fischerhude 1986
Wulff, Gerd, Blickpunkt Worpswede. Porträts bildender Künstler der Gegenwart, hg. v. d. Volksbank Osterholz-Scharmbeck, Osterholz-Scharmbeck 1981
Wulff, Gerd, Worpswede-Graphothek des Landkreises Osterholz. Verzeichnis des Bestandes mit Künstler-Biographien, hg. v. Landkreis Osterholz,Osterholz-Scharmbeck $_2$1984

Fotonachweis:

Hans Saebens: S. 125, 144
Rudolf Dodenhoff: S. 119, 129, 132, 133, 142
Jo Conrad: S. 70, 104, 139, 146, 147, 151
Werner Rohde: S. 123/24
E. von Alten: S. 138
Galerie Netzel: S. 145
Peter Elze: S. 150

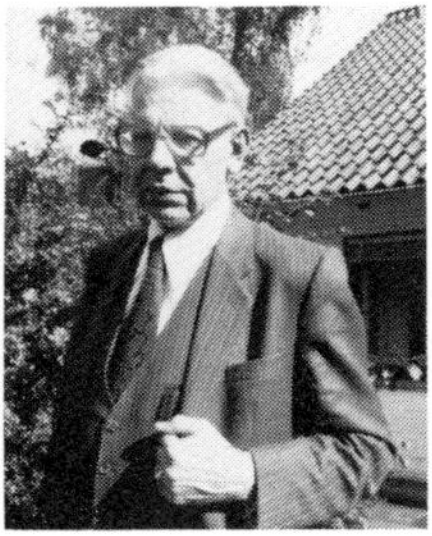

DER AUTOR

Karl Veit Riedel

geboren am 20. Februar 1932 in Berlin
aufgewachsen in Reichenbach im Vogtland
dort 1948 Abitur
anschließend Schauspiel- und Regiestudium an der Robert Schumann Akademie in Zwickau/Sachsen
1949 Studium der Literaturwissenschaft, Germanistik, Volkskunde, Kunstgeschichte und Psychologie an den Universitäten Berlin (FU), Hamburg, Tübingen und Kiel
1960 Promotion an der Universität Hamburg im Hauptfach Literaturwissenschaft
1961-1968 freiberufliche wissenschaftliche und publizistische Tätigkeit
seit 1968 Kustos am Landesmuseum für Kunst- und Kulturgeschichte Oldenburg und Tätigkeit als Kunstkritiker
zahlreiche wissenschaftliche Veröffentlichungen, u. a. „Friedrich Johann Lorenz Meyer 1760-1844. Ein Leben in Hamburg zwischen Aufklärung und Biedermaier“ 1963, „Der Bänkelsang“ 1963, „Jugend und Fernsehen“ 1966, „Warum wir so leben“ 1970, „Worpswede und das Teufelsmoor“ (in „Deutsche Künstlerkolonien und Künstlerorte“) 1976, „Puppentheater Oldenburg“ 1982, „Graf Anton Günther – ein fürstlicher Baumeister?“ (Katalogbeitrag) 1983, „Fritz Mackensen“ (Katalogbeitrag) 1986, „Gerhard Bakenhus (1860-1939)“ und „Maler in Kreyenbrück“ (Katalogbeiträge) 1987
lebt in Aschhausen bei Bad Zwischenahn und in Hamburg-Meiendorf

INHALT

REIHE WORPSWEDER TASCHENBÜCHER

Waldemar Augustiny
Paula Modersohn-Becker DM 12,80
ISBN 3-88 132 234-5

Else Alpers
Clara Rilke-Westhoff
und Rainer Maria Rilke DM 12,80
ISBN 3-88 132 235-3

**Wolf-Dietmar Stock/
Werner Wischnowski**
Fischerhude-Künstler in der Stille DM 16,80
ISBN 3-88 132 163-2

Werner Hohmann
Heinrich Vogeler in der Sowjetunion
1931 - 1942 DM 19,80
ISBN 3-88 132 236-1

Gertrud Hosenfeld-Krummacher
Damals in Worpswede DM 14,80
ISBN 3-88 132 238-8

Karl-Veit Riedel
Worpswede in Fotos und Dokumenten DM 16,80
ISBN 3-88 132 232-9

Fritz Westphal/Peter Rabenstein
Hans am Ende - ein Lebensbild DM 14,80
ISBN 3-88 132 237-X

Peter Schütt
Liebesgedichte DM 16,80
ISBN 3-88 132 049-0

Horst Keller
Worpsweder Bilderreigen DM 16,80
ISBN 3-88 132 092-X

Joe Conrad/Paul Uhrmacher
Worpsweder Bilderbogen DM 16,80
ISBN 3-88 132 093-8